Martina Walter, Martin Werth (Hg.)
Ich glaube; hilf meinem Unglauben!

Martina Walter, Martin Werth (Hg.)

Ich glaube;
hilf meinem Unglauben!

Die Jahreslosung 2020 – Ein Arbeitsbuch
mit Auslegungen und Impulsen für die Praxis

 neukirchener

Bibliografische Information der Deutschen Nationalbibliothek:
Die Deutsche Nationalbibliothek verzeichnet diese Publikation in der
Deutschen Nationalbibliografie; detaillierte bibliografische Daten sind im
Internet über http://dnb.d-nb.de abrufbar.

© 2019 Neukirchener Verlagsgesellschaft mbH, Neukirchen-Vluyn
Alle Rechte vorbehalten
Umschlaggestaltung: Grafikbüro Sonnhüter, www.sonnhueter.de,
unter Verwendung eines Bildes © Inge Heinicke-Baldauf
Lektorat: Hauke Burgarth, Pohlheim
DTP: Breklumer Print-Service, www.breklumer-print-service.com
Verwendete Schriften: Scala Sans, Dante MT
Gesamtherstellung: cpi, Ebner & Spiegel, Ulm
Printed in Germany
ISBN 978-3-7615-6650-3

www.neukirchener-verlage.de

INHALT

VORWORT

„Ich glaube; hilf meinem Unglauben."

Ja, was denn nun, möchte man einwerfen. Kannst du dich nicht entscheiden? Ja oder nein! Ganz oder gar nicht! Glaube oder Unglaube!

Aber so ist das Leben nicht, so sind wir nicht. Eindeutigkeit gelingt uns nur selten. Sehr oft sind wir inkonsequent, zerrissen, hin und her schwankend. Die Jahreslosung 2020 nimmt genau diese Situation auf. Sie hält uns den Spiegel vor und sie macht uns ein Angebot: Wenn du diese Zerrissenheit zwischen Glaube und Unglaube, zwischen Ja und Nein auch kennst, dann bist du nicht allein, und dann hast du Jesus Christus selbst auf deiner Seite. Bei ihm, bei Jesus, ist unsere Zerrissenheit gut aufgehoben.

Das vorliegende Buch zur Jahreslosung ist ein Arbeitsbuch, es ist ein Lesebuch, es ist ein Zeugnisbuch. Wir danken allen Autorinnen und Autoren, die ihre Kompetenz eingebracht haben, die uns an ihrem Wissen und Glauben Anteil geben, und besonders all denen, die uns in ihr Herz schauen lassen, die von eigenem Glauben und Unglauben berichten.

Dieses Buch kann gerne allein gelesen werden. Noch schöner ist es vielleicht, wenn es zu zweit, zu dritt oder in Gruppen gelesen wird und wir als Leser unsere eigenen Glaubens- bzw. Unglaubensgeschichten neben die Beiträge des Buches legen. Geteilter Glaube wächst. Geteilter Unglaube schrumpft. Das ist unsere Überzeugung.

Ausdrücklich danken wir dem Verlag und Herrn Hauke Burgarth für die kompetente Betreuung des Buches.

Wir wünschen uns, dass die Jahreslosung 2020 für viele – auch über den Neujahrstag hinaus – ein Ermutigungsbuch wird. Ehrlich vor Gott, vor uns und den Menschen ist unser Leben in Gott geborgen.

Martina Walter   Dr. Martin Werth

Ich glaube; hilf meinem Unglauben!

EXEGETISCHE UND THEOLOGISCHE BEOBACHTUNGEN ZUR JAHRESLOSUNG

Martin Werth

Die Jahreslosung für 2020 stammt aus der Erzählung von der Heilung des besessenen Knaben (Markus 9,14-29). Man kann die Erzählung auch bei Vers 27 enden lassen, manche Ausleger halten die Verse 28 f für einen Nachtrag zur Geschichte. Die Erzählung steht im Mittelteil des Markusevangeliums unmittelbar nach dem Bericht von der Verklärung Jesu. Nach dem „Höhepunkt" der Verklärung wird Jesus mit den „Niederungen" von Krankheit und Leid, von vergeblichen Bemühungen der Jünger und mit der hartnäckigen Mischung aus Glaube, Zweifel und Unglauben konfrontiert, die unser Leben bis heute prägen.

Gerade weil wir selbst uns in diesen Lebenssituationen der Erzählung wiederfinden können, ist sie uns so nahe, ist uns gerade auch diese Jahreslosung so nahe.

Ich beginne zunächst mit einem Blick auf die ganze Geschichte. In der Mitte des Beitrags folgt dann eine konzentrierte Wahrnehmung unserer Jahreslosung, bevor wir am Ende das ganze Markusevangelium unter dem Aspekt von Glauben und Unglauben anschauen.

1. Der Aufbau der Erzählung

Die Erzählung von der Heilung des besessenen Knaben kann in fünf Abschnitte eingeteilt werden.

a) Die Verse 14-16 sind eine Überleitung.
Wir lesen noch nicht, worum es geht, aber wir erkennen, dass viele Menschen, viel Bewegung und eine hohe Emotionalität vorhanden sind. Jesus war von seinen Jüngern getrennt gewesen. Er kommt zurück. Die Volksmenge (und wohl auch die Jünger) laufen auf ihn zu, und Jesus fordert sie auf, diese ganze Hektik und den Streit zu erklären.

b) Die Verse 17-19 benennen sehr gedrängt die Fakten bzw. die Problemlage.
Der Vater berichtet kurz und knapp von der Leidensgeschichte seines Sohnes, die ja auch seine eigene Leidensgeschichte ist. Und er nennt sachlich (und wohl doch mit einem gewissen Vorwurf), dass die Jünger nicht in der Lage waren, dieses Leiden durch die Heilung des Jungen zu beenden. Es schließt sich eine sehr emotionale Aussage bzw. Klage Jesu an, die das „Wie lange" angesichts des menschlichen Unglaubens und Unvermögens zum Ausdruck bringt.

c) In der Mitte der Erzählung steht der Dialog Jesu mit dem Vater (20-24), der mit unserer Jahreslosung endet.
Der Junge wird zu Jesus gebracht. Er erleidet einen Anfall, bzw. der Geist überfällt den Jungen erneut (siehe den Exkurs unten). Jesus fragt nach der Krankengeschichte.

Der Vater bestätigt: Schon immer, von Kindheit an, passiert ihm das, und oft brachte es ihn in Lebensgefahr. Und dann folgt die (sorgenvolle und vielleicht angesichts des Scheiterns der Jünger auch frustrierte) Bitte: *„Wenn du aber etwas kannst, so erbarme dich unser und hilf uns!"* (22). Jesus reagiert anscheinend kühl, indem er den ersten Satzteil des Vaters wiederholt: *„Wenn du kannst!"* Vielleicht redet Jesus auch noch aus der Emotionalität von V. 19 heraus!? Und er ergänzt: *Alle Dinge sind möglich dem, der da glaubt."* Darauf folgt der Schrei der inneren Zerrissenheit des Vaters in unserer Jahreslosung.

d) In den Versen 25-27 folgt die Schilderung der Heilung. Jesus heilt durch ein gebietendes Wort. Der Geist schlägt nochmals zu – der Junge erleidet einen heftigen Anfall und dann liegt er „wie tot" da. Die Menge denkt tatsächlich, der Junge sei gestorben. Aber Jesus ergreift seine Hand, er richtet ihn auf, und der Junge steht auf. Die beiden Verben (*egeiro, anhistamai*), die das Aufrichten und Aufstehen bezeichnen, begegnen sonst in Texten, die das Ostergeschehen erzählen oder reflektieren. Dadurch deutet Markus hier schon an, dass Jesus als Wundertäter und Heiler letztlich derjenige ist, der den Tod überwindet. Mit diesem „Beweis" der Heilung, mit dem Aufrichten des Kindes, ist die Erzählung zu ihrem Abschluss gekommen!

e) Die Verse 28 und 29 sind ein Nachtrag, ein Epilog. Die Jünger, die ohne Jesus nicht helfen konnten, fragen bei Jesus nach und werden auf das Gebet (spätere Handschriften ergänzen das Fasten) hingewiesen. Man kann das so deuten, dass dem Menschen – auch dem Jünger – die Heilung solcher Krankheit/Besessenheit nicht selbst zur Verfügung steht. Die Heilung steht allein in der Verfügungsmacht Jesu bzw. Gottes. Ohne Gebet geht da gar nichts.

2. Dramatik durch Dialog

Auf den ersten Blick geht es in dieser Geschichte um eine Heilung oder einen Exorzismus. So sehr das stimmt, so fällt doch auf, dass nicht die Handlung unseren Text bestimmt, sondern die wörtliche Rede. Lediglich die Verse 20 und 27 enthalten keine wörtliche Rede. Der Text enthält insgesamt 342 Wörter (1.529 Zeichen), davon stehen 173 Wörter (790 Zeichen) in wörtlicher Rede. Nehmen wir die jeweiligen Einleitungsformeln der Reden (er sagte, er rief, er antwortete etc.) hinzu, dann sehen wir, dass mit 224 Wörtern (1.258 Zeichen) der ganz überwiegende Teil des Textes aus Dialogen besteht.

Die äußere Dramatik des Textes ist sicherlich die schwere Krankheit des Kindes. Die eigentliche Dramatik des Textes entfaltet sich in dem Gespräch zwischen dem leidenden und verzweifelten Vater und Jesus. Sie zeigt sich in der „Frustration" Jesu über den Unglauben, der ihm begegnet. Sie zeigt sich ebenso in der Zerrissenheit des Vaters zwischen Hoffen und Bangen, zwischen seinem Glauben-Wollen, seinem Unglauben und dem Dennoch-Glauben.

Ich führe den Dialog noch einmal auf. Unsere Jahreslosung steht im Zentrum.

Jesus: Was streitet ihr mit ihnen? (16)

Vater: Meister, ich habe meinen Sohn hergebracht zu dir, der hat einen sprachlosen Geist. Und wo er ihn erwischt, reißt er ihn zu Boden; und er hat Schaum vor dem Mund und knirscht mit den Zähnen und wird starr. Und ich habe mit deinen Jüngern geredet, dass sie ihn austreiben sollen, und sie konnten's nicht. (17+18)

Jesus: O du ungläubiges Geschlecht, wie lange soll ich bei euch sein? Wie lange soll ich euch ertragen? Bringt ihn her zu mir! (19)

Jesus: Wie lange ist's, dass ihm das widerfährt? (20)

Vater: Von Kind auf. Und oft hat er ihn ins Feuer und ins Wasser geworfen, dass er ihn umbrächte. Wenn du aber etwas kannst, so erbarme dich unser und hilf uns! (21+22)

Jesus: Du sagst: Wenn du kannst! Alle Dinge sind möglich dem, der da glaubt. (23)

Vater: Ich glaube; hilf meinem Unglauben! (24)

Jesus: Du sprachloser und tauber Geist, ich gebiete dir: Fahre von ihm aus und fahre nicht mehr in ihn hinein! (25)

Volksmenge: Er ist tot. (26)

Jünger: Warum konnten wir ihn nicht austreiben? (28)

Jesus: Diese Art kann durch nichts ausfahren als durch Beten. (29)

Exkurs: Besessenheit bzw. Epilepsie

Unser Bibeltext wird als die Heilung des „besessenen Knaben" oder des „epileptischen Knaben" oder auch des „fallsüchtigen Knaben" bezeichnet. Die erste Benennung nimmt ernst, dass sowohl der Vater als auch Jesus in seinem heilenden Wort von einer Besessenheit ausgehen. Die zweite Benennung deutet die beschriebenen Symptome im Sinne einer medizinischen Diagnose. Die dritte Bezeichnung der Geschichte beschreibt möglichst neutral nur das Symptom des oftmaligen Hinfallens während der Attacken. Meines Erachtens nach ist es nicht hilfreich, hier einen grundsätzlichen Unterschied zu sehen. Epilepsie habe ich während meines Zivildienstes in den Von-Bodelschwinghschen Anstalten in Bethel erlebt. Dort habe ich Bewohner begleitet, die trotz umfangreicher Medikation nicht so eingestellt werden konnten, dass die Anfälle ganz ausblieben. Einige krampften und stürzten gelegentlich, andere täglich, teils mehrfach. Die Männer litten und sie trugen Helme, dennoch war größte Umsicht erforderlich. Ich möchte mir nicht vorstellen, wie der Krankheitsverlauf ohne Medikation ausgesehen hätte. Die Gefahr für Leib und Leben, die ohnehin gegeben war, wäre unermesslich viel höher gewesen. Es scheint mir sehr naheliegend, dass Menschen vor 2.000 Jahren in diesem völlig überraschenden und unkontrollierbaren Krampfen und Stürzen das Wirken eines mordenden Geistes sahen. Krankheit ist als Vorbote des Todes nach der biblischen Überlieferung ein Zeichen der Welt jenseits von Eden, ohne dass wir deshalb Krankheit auf individuelles Versagen zurückführen dürfen. Krankheit (Ich meine nicht den Schnupfen!) gerät manchmal über uns, über manche von uns. Krankheit ist unfair und sie ist eine Macht, die uns quält (vgl. hierzu auch den Beitrag von Birgit Götz in diesem Buch zu „Glaube und die dunklen Seiten Gottes"). Die Vorstellung, glaubende Menschen würden nicht krank, oder durch den Glauben wäre alle Krankheit zu heilen, ist eine

Irrlehre. Jeder Mensch stirbt und die allermeisten an einer Krankheit. Der Tod gehört zum Leben unter den Bedingungen dieser Weltzeit hinzu. Wir erhoffen einen späten und sanften Tod, aber manchmal ist es der frühe und schmerzhafte Tod. Das gilt für Christen und für Nichtchristen! Dass Menschen von Dämonen ausgingen, wenn sie eine besonders quälende (und insofern „teuflische") Krankheit gerade bei jungen Menschen erlebten, ist sehr nachvollziehbar. Ob Jesus nun einen Dämon ausgetrieben oder den Jungen geheilt hat, ist letztlich kein Unterschied. Jesus, der den Tod besiegt (vgl. V. 27), zeigt exemplarisch seine Macht über die Dinge und Kräfte, die unser Leben zerstören. Damit ist die Krankheit in dieser Welt noch nicht vorüber, aber wer der Bibel und damit Jesus folgt, weiß, dass Jesus einen Ort bereitet, an dem es keinen Tod, keine Krankheit, kein Leid, keine Tränen mehr gibt. Damit wir das glauben können, tut Jesus zeichenhaft Wunder. Manchmal tut er sie auch heute, manchmal aber auch nicht.

3. Vers 24 Wort für Wort betrachtet

Markus 9,24 besteht aus einem Einleitungssatz und der anschließenden wörtlichen Rede: *„Sogleich schrie der Vater des Kindes, indem er sagte: Ich glaube, hilf meinem Unglauben."*

- *euthus* = sofort, sogleich
  Jesus hatte gesagt: „Alles ist möglich, dem der glaubt." Und der Vater reagiert, ohne zu überlegen, ohne Pause, sofort.
- *krazo* = schreien, rufen

Der Mann spricht nicht, er schreit, er ruft, er wird laut. Alle Emotion liegt schon in diesem Wort. Die beiden führen kein einfaches Gespräch. Jesus hat den Vater mit seiner Aussage in die Krise geführt und schreiend legt der Vater diese Krise offen.

- *ho patär tou paidiou* = der Vater des Kindes
Von Kindheit an hat der Sohn diese Krankheit. Wir können nicht benennen, wie alt der Sohn ist: sechs Jahre oder 12 oder 22. Vieles ist denkbar. Wir wissen auch nicht, ob der Vater weitere Kinder hat. Klar ist nur: für dieses Kind ist er da. Es braucht ihn. Er hat seine Existenz mit der des Kindes verknüpft. Er zieht den Sohn aus dem Wasser, wenn er zu ertrinken droht, er zieht ihn aus der Glut, wenn er in eine Feuerstelle gefallen ist. Er ist eben der Vater des Kindes.

- = sagen, reden, sprechen
Mit dem zweiten Verb des Redens wird wie mit einem Doppelpunkt die wörtliche Rede eingeleitet.

- *pisteuo* = glauben, vertrauen
Wir kennen das Wort in der Regel als „glauben". Aber es bedeutet niemals „für wahr halten". Dass Jesus Gott ist, das glauben (im Sinne von „wissen") auch die Dämonen (vgl. Jak 2,19), aber sie zittern. Sie vertrauen ihm nicht. Sie existieren nur in der Abgrenzung. Der biblische Glaubensbegriff ist immer ein Beziehungsbegriff. Wer „an" Jesus glaubt, der lebt in einer lebendigen Beziehung zu ihm.

- *boätheo* = helfen, zu Hilfe kommen
Dies ist ein eher seltenes Verb. In den Evangelien begegnet es nur dreimal. In unserem Text gleich zwei-

mal in den Versen 22 und 24, bei Matthäus noch bei der Heilung der kanaanäischen Frau (15,25). In Vers 22 hatte der Vater gesagt: „Hilf uns". Jetzt bittet er um Hilfe für (!?) seinen Unglauben.

- *mou hä apistia* = mein Unglaube, mein fehlendes Vertrauen
  pistis ist der Glaube, das Vertrauen. Die Vorsilbe *a* nennt man *alpha privativum*, es ist eine Verneinung wie im Deutschen die Vorsilbe „un". Also Unglaube, fehlender Glaube, mangelndes Vertrauen, Zweifel, Hin- und Hergerissensein. Ich verstehe den Vater so: Wenn du sagst, dass der Glaube es kann, dann hilf doch meinem Unglauben auf, dann schenk mir doch den ausreichenden Glauben, ich bin zu schwach, aus mir heraus habe ich nicht genug Glauben. „Ich glaube, hilf meinem Unglauben."

4. Übersetzungsvergleich

Wir haben ein Wort Gottes, aber wir haben es in verschiedenen Übersetzungen, und das ist sehr gut so. Der Vergleich der verschiedenen Bibelübersetzungen ist wie immer aufschlussreich. Einige Übersetzungen interpretieren mehr, andere weniger. Jede Übersetzung ist zur Wahrnehmung des biblischen Wortes hilfreich.

Ich habe die Übersetzungen in diesem Fall nicht nach der Anzahl der Worte, sondern nach ihrer jeweiligen inhaltlichen Nähe zueinander sortiert.

Sogleich schrie der Vater des Kindes: „Ich glaube; hilf meinem Unglauben!" (Luther 2017)

Sogleich schrie der Vater des Kindes und sagte: „Ich glaube. Hilf meinem Unglauben!" (Elberfelder Bibel)

Da rief der Vater des Jungen: „Ich glaube! Hilf mir heraus aus meinem Unglauben!" (Neue Genfer Übersetzung)

Da begann der Vater zu weinen: „Hilf mir ungläubigem Menschen", rief er, „denn ich will glauben!" (Walter Jens: Die Zeit ist erfüllt. Die Stunde ist da. Das Markus-Evangelium)

Un knapp har he dat seggt, do reep den Jung sin Vader: „Ick glöw! Ach help mi doch, dat ick würkli glöwen kann!" (Dat Nie Testament in unse Moderspraak)

Der Vater rief: „Ich glaube! Aber hilf mir, dass ich nicht zweifle!" (Neues Leben)

Verzweifelt rief der Mann: „Ich vertraue dir ja – hilf mir doch, meinen Unglauben zu überwinden!" (Hoffnung für alle)

Der Vater sagte dann: „Ich habe ein großes Vertrauen in Sie! Aber helfen Sie mir dabei, Ihnen wirklich auf die Art zu glauben, wie es nötig ist!" (Volxbibel)

Da rief der Vater: „Ich vertraue ihm ja – und kann es doch nicht! Hilf mir vertrauen!" (Gute Nachricht)

Da schrie der Vater des Kindes auf und sagte: „Ich vertraue, hilf meinem Mangel an Vertrauen." (Bibel in gerechter Sprache)

Der Einleitungssatz zur wörtlichen Rede wird in den verschiedenen Übersetzungen unterschiedlich wiedergegeben. Das „sogleich"/„sofort" wird bei *Luther*, *Elberfelder* und *Dat Nie Testament* klar oder sogar breit genannt. Die meisten anderen Übersetzungen geben es nur durch ein kurzes „da" oder „dann" wieder. Bei *Neues Leben* und der *Hoffnung für alle* fehlt es ganz. Die für den deutschen Sprachgebrauch unübliche Dopplung des Verbs (schreien und sagen) ist nur in der *Elberfelder* Übersetzung und in der *Bibel in gerechter Sprache* erhalten. Als Übersetzung begegnet teils „schreien", teils „rufen". Lediglich die *Volxbibel* belässt es bei dem eher zurückhaltenden „sagen". Die *Hoffnung für alle* ergänzt interpretierend „verzweifelt". *Walter Jens* deutet das ursprüngliche Rufen als ein Weinen. Während der Einleitungssatz überwiegend nah am griechischen Original übersetzt wird, haben wir bei *Walter Jens* und in der *Hoffnung für alle* eine emotionale Unterstreichung, während überraschenderweise bei der *Volxbibel* jede Emotion fehlt.

In der wörtlichen Rede fällt auf, dass das Verb *pisteuo* bzw. das Nomen *apistia* in den Übersetzungen von *Luther*, *Elberfelder*, *Neue Genfer*, *Walter Jens* und *Dat Nie Testament* mit Glauben bzw. Unglauben übersetzt werden. *Neues Leben* übersetzt das Verb mit glauben, das Nomen mit „nicht zweifeln". Die *Hoffnung für alle* übersetzt das Verb mit vertrauen und das Nomen mit Unglaube. Die *Volxbibel*, *Gute Nachricht* und *Bibel in gerechter Sprache* übersetzen in beiden Fällen mit Vertrauen. Vgl. zu dieser Variante den Beitrag von Peter Wick in diesem Buch zu „Glaube und Vertrauen im Neuen Testament". Das Helfen findet sich in allen Übersetzungen. Und doch gibt es Varianten. Das am Griechischen orientierte: „Hilf meinem Unglauben" (*Luther*, *Elberfelder*) bzw. „hilf meinem Mangel an Vertrauen" (*Bibel in gerechter Sprache*) wird vielfältig variiert. „Hilf mir heraus aus meinem Unglauben"; „Hilf mir, dass ich wirklich glauben kann"; „Hilf mir, meinen Unglauben zu überwinden"; „Hilf mir, dass ich nicht zweifle". Das alles sind hilfreiche Versuche, die Ambivalenz von „ich glaube" einerseits und „hilf meinem Unglauben" andererseits in Worte zu fassen und den ebenso sachlichen wie emotionalen Sinn des Bibelverses in der deutschen Sprache angemessen wiederzugeben.

Überrascht war ich von der Übersetzung der von mir sonst sehr geschätzten *Volxbibel*. Sie entscheidet sich, die Rede des Vaters an Jesus recht distanziert „per Sie" zu übersetzen. Die positive Aussage des Vaters wird sodann stark hervorgehoben „Ich habe ein großes Vertrauen in Sie!" Die Ambivalenz zwischen Glaube und Unglaube wird verdeckt. Stattdessen bittet der Vater um Hilfe, „wirklich auf die Art zu glauben, wie es nötig ist!". Einerseits wird alle Emotionalität aus dem Vers herausgenommen, was ich sehr bedaure, andererseits wird anscheinend eine Steigerung des schon großen Glaubens erbeten. Das scheint mir gefährlich. In Markus 9,24 geht es meines Erachtens nach nicht um kleinen oder großen Glauben, sondern um die menschliche Zerrissenheit des Glaubens, der nahezu immer mit Unglauben gepaart ist, und es geht darum, dass unser Glaube nur trägt, wenn ihn Jesus immer wieder in uns weckt.

5. Glaube im Markusevangelium

Glaube ist ein Beziehungsbegriff. Wenn die Bibel zum Glauben ruft, dann lädt sie den Leser zu einer Beziehung mit dem lebendigen Gott ein, der sich uns in Jesus Christus bekannt gemacht hat. Die Evangelien sind Missionsschriften. Sie wollen bei ihren Lesern den Glauben wecken. Was Johannes 20,31 sehr klar sagt, gilt auch für die anderen Evangelien, so auch für das Markusevangelium.

Zwei Dinge benennt das Markusevangelium in diesem Zusammenhang:

a) die schrittweise Proklamation der Gottessohnschaft Jesu.
Diese zieht sich vom Anfang des Evangeliums an über die Mitte bis zum Kreuz.

b) der Glaube und der Unglaube der Menschen, die mit Jesus in Berührung kommen.
Die Jünger Jesu stellen jeweils Identifikationsangebote für die Leser dar. Dies gilt auch für andere Einzelpersonen und Gruppen, die mit Jesus Kontakt haben. Es geht dem Evangelisten sicherlich auch darum, zu berichten, was damals passiert ist. Es geht ihm aber letztlich darum, was heute passiert, heute, da ich, da du, da wir diese Geschichten lesen oder hören. Werden wir mit Petrus sagen: *„Du bist der Christus"* (8,29)? Werden wir wie der Hauptmann unter dem Kreuz sagen: *„Wahrlich, dieser Mensch ist Gottes Sohn gewesen"* (15,39)? Rufen wir mit dem Vater: *„Ich glaube, hilf meinem Unglauben"* (9,24)? Oder wird es von uns aus Jesu Perspektive heißen: *„Und er wunderte sich über ihren Unglauben"* (6,6)?

Ich stelle nachstehend die wesentlichen Texte in einer Übersicht zusammen. Ich empfehle Ihnen sehr, alleine, zu zweit oder in einer Gruppe, das Markusevangelium einmal ganz zu lesen. Es dauert – je nach Übersetzung –

ca. 90–100 Minuten, um es in Ruhe komplett zu lesen. Lesen Sie einfach immer weiter. Dafür wurde es ursprünglich geschrieben. Sie werden spannende Entdeckungen machen.

Die schrittweise Proklamation der Gottessohnschaft Jesu

Gleich zu Beginn setzt das Markusevangelium deutliche Akzente, worum es ihm geht.

- Mk 1,1 ist eine Überschrift und Inhaltsangabe: *„Dies ist der Anfang des Evangeliums von Jesus Christus, dem Sohn Gottes."*
- Bei der Taufe Jesu in Vers 11 bestätigt dies die Stimme Gottes selbst: *„Du bist mein lieber Sohn, an dir habe ich Wohlgefallen."*
- Wenige Verse später (24) bekennt der unreine Geist: *„Ich weiß, wer du bist: der Heilige Gottes!"*
- In 5,7 schreit ein Geist im besessenen Gerasener: *„Was habe ich mit dir zu schaffen, Jesus, du Sohn des höchsten Gottes?"*

Zu Beginn ist es also programmatisch der Evangelist selbst, dann die Gottesstimme und die aus den Menschen rufenden Geister, die die Macht und Größe Jesu kennen und bekennen. Aus „normalem" Menschenmund ist zunächst weder vom Glauben noch vom Bekennen die Rede. Das ändert sich erstmals in der Mitte des Evangeliums.

- Petrus bekennt (8,29): *„Du bist der Christus!"*

Es ist dem Evangelisten wichtig, dass diese Erkenntnis in der Mitte des Evangeliums für die Leser deutlich ausgesagt wird, auch wenn das Verstehen bei Petrus noch Stückwerk ist. Unmittelbar anschließend will Petrus Jesus den Weg ins Leiden ausreden, was zum heftigsten Konflikt führt, den Jesus mit einem Jünger hat (8,32f).

- Ebenfalls in der Mitte des Evangeliums erfolgt erneut eine Proklamation durch Gott selbst. Bei der Verklärung sagt die Gottesstimme ganz ähnlich wie bei der Taufe: *„Das ist mein lieber Sohn; den sollt ihr hören!"* (9,7)

Erst am Ende des Evangeliums wird diese Aussage wiederholt.

- Der römische Hauptmann erkennt angesichts des Sterbens Jesu: *„Wahrlich, dieser Mensch ist Gottes Sohn gewesen!"* (15,39)

Nur zweimal bekennt ein Mensch die Messianität und Gottessohnschaft Jesu: Petrus tut es, obwohl er die ganze Fülle des Weges Jesu noch nicht versteht, und der heidnische Offizier unter dem Kreuz. Bei beiden dürfen wir uns hineindenken. Wir sind eingeladen, auf unserem Weg mit Jesus immer wieder wie Petrus daran festzuhalten: *„Du bist der Christus!"*, auch wenn wir nicht immer jeden Schritt Jesu verstehen. Die letzte Klarheit darüber, wer Jesus wirklich ist, die gibt es am Kreuz. Diese Erkenntnis gibt es dort, wo Jesus anscheinend ganz unten ist und doch in seinem Sterben unseren Tod besiegt. Wir dürfen wie dieser Hauptmann am Kreuz den Sohn Gottes erkennen.

Glaube und Unglaube der Menschen, die mit Jesus in Berührung kommen

Das Substantiv *pistis* (Glaube / Vertrauen) begegnet gelegentlich im ersten Teil des Markusevangeliums.

- Vor der Heilung des Gelähmten heißt es über Jesus angesichts der vier Freunde, die für den Gelähmten das Dach aufgedeckt hatten: *„Da nun Jesus ihren Glauben sah"* (2,5).
- Zu der blutflüssigen Frau sagt Jesus: *„Meine Tochter, dein Glaube hat dich gesund gemacht."* (5,34)

In beiden Fällen spricht Jesus Menschen den Glauben zu, die in Not waren und vertrauensvoll seine Nähe suchten.

Das Wort kann aber auch den noch nicht vorhandenen Glauben benennen.

- Nach der Sturmstillung konfrontiert Jesus seine Jünger: *„Was seid ihr so furchtsam? Habt ihr noch keinen Glauben?"* (4,40, vgl. auch 6,51f).

In diesen Zusammenhang gehört auch die kritische Frage Jesu bei der Diskussion über rein und unrein: *„Seid denn auch ihr so unverständig? Versteht ihr nicht, dass alles, was von außen in den Menschen hineingeht, ihn nicht unrein machen kann?"* (7,18) und die Klage Jesu in 8,17f: *„Versteht ihr noch nicht, und begreift ihr noch nicht? Habt ihr ein erstarrtes Herz in euch? Habt ihr Augen und seht nicht und habt Ohren und hört nicht?"* Die Jünger sind – wie wir auch – nicht die großen Glaubenshelden.

In Markus 6,6 staunt Jesus über den Unglauben (apistia) in seiner Heimatstadt: *„Und er wunderte sich über ihren Unglauben."*

Das Verb *pisteuo* (glauben, vertrauen) lesen wir gleich in der ersten wörtlichen Rede im Evangelium. Direkt nach der Taufe beginnt Jesus seine öffentliche Wirksamkeit. Seine Botschaft fasst der Evangelist so zusammen: *„Die Zeit ist erfüllt, und das Reich Gottes ist nahe herbeigekommen. Tut*

Buße und glaubt an das Evangelium!" (1,15). Das ist es, was Jesus wollte und was er durch das Evangelium bis heute will: uns zum Glauben ermutigen. Entsprechend sagt er zu Jairus, dessen Tochter soeben verstorben war: *„Fürchte dich nicht, glaube nur!"* (5,36).

Aber der Unglaube der Menschen bleibt Jesu Begleiter bis zu seiner letzten Stunde.

Die Hohenpriester und Schriftgelehrten – anscheinend an ihrem Ziel angekommen – rufen dem Sterbenden zu: *„Er hat andern geholfen und kann sich selber nicht helfen. Der Christus, der König von Israel, er steige nun vom Kreuz, damit wir sehen und glauben"* (15,32).

Der Glaube, das Glauben und die immer wieder neue Einladung zu diesem Vertrauen sind das Thema des Markusevangeliums. Unsere Jahreslosung für 2020 steht an prominenter Stelle kurz nach dem Petrusbekenntnis und der Gottesstimme bei der Verklärung. Im Schrei des Vaters: *„Ich glaube, hilf meinem Unglauben"*, kommt die ganze Schwäche und auch die Stärke unseres Weges mit Jesus zum Ausdruck. Wir sind und wir bleiben hin- und hergerissene Menschen. Wir können glauben, wir dürfen und wir wollen glauben, aber dass dieser Glaube bleibt – gerade angesichts aller Krisen, in die wir geraten können –, dazu benötigen wir die Hilfe unseres Herrn Jesus Christus. Er hält für uns unseren Glauben fest.

GLAUBEN UND VERTRAUEN IM NEUEN TESTAMENT UND SEINE ALTTESTAMENTLICHE WURZEL

Peter Wick

„Glaube" und „glauben" gehört zu den Schlüsselwörtern des Neuen Testaments. Das Substantiv *pistis* und das Verb *pisteuo* kommen bemerkenswerterweise beide je 243-mal vor.

Glauben oder Zweifeln: Der Jakobusbrief

Der Jakobusbrief bietet einen leichten Einstieg, um „glauben" und „Glauben" im Neuen Testament tiefer zu verstehen. Der Verfasser dieses Briefes nennt sich selbst Jakobus. Nach der Begrüßung schreibt er: „Meine Brüder und Schwestern, erachtet es für lauter Freude, wenn ihr in mancherlei Anfechtung fallt, und wisst, dass euer Glaube, wenn er bewährt ist, Geduld wirkt. Die Geduld aber soll zu einem vollkommenen Werk führen, damit ihr vollkommen und unversehrt seid und keinen Mangel habt" (Jakobus 1,2-4).

Dieser Brief ist an Menschen gerichtet, die Jesus Christus als Herrn anerkennen. Wir würden sie heute als Christen bezeichnen. Doch die Bezeichnung *christianoi* (Christen) setzte sich erst später durch. Der Glaube der Briefempfänger steht offensichtlich im Zentrum. Menschen, die sich zu Jesus zählen, sind vor allem und zuerst Glaubende. Der griechische Begriff für Glaube heißt *pistis*. Dieser dient den Juden schon lange als Übersetzung des biblischen Begriffes *emunah* in der hebräischen Bibel und bedeutet so viel wie Bleiben, Treue, Vertrauen und Glaube. Es ist ein Beziehungsbegriff, der beschreibt, sich in Gott und seinem Wort festzumachen. Wer treu ist, der bleibt. Wer auf die Treue des Mitmenschen vertraut, der glaubt auch seinem Wort und hält es für wahr. Wer in einer Beziehung bleibt, ist treu und investiert Vertrauen.

Das biblische *emunah* und die *pistis* verbinden somit in einem Wort denjenigen, der treu ist, mit dem, der auf dessen Treue vertraut. Wir kennen diesen Zusammenhang in unserer Rechtssprache, wenn wir von „Treu und Glauben" sprechen und damit ein gegenseitiges, vertragsähnliches Vertrauensverhältnis bezeichnen, auch wenn noch kein Vertrag abgeschlossen worden ist. Im römischen Recht hieß dies *bona fides*. *Fides* ist wiederum das Wort für *pistis* in der lateinischen Übersetzung der Bibel.

Im Neuen Testament liegt der Akzent meistens deutlich auf der Seite dessen, der allen Grund zum Vertrauen hat. Doch die Treue desjenigen, auf den sich dieses Vertrauen bezieht, schwingt immer mit. Glaube ist im Neuen Testament weiterhin ein Beziehungsbegriff, der sich auf den Empfänger bezieht. Der Glaubende ist der Mensch, der auf die göttliche Treue vertraut. Glaube und Glaubende werden so zu Sammelbezeichnungen der Menschen, die darauf vertrauen, dass Gott in Jesus Christus den Menschen seine Liebes-Treue erwiesen hat. Durch den Glauben werden die Menschen als Familie zu Geschwistern durch das Band der Liebe und Treue Gottes zusammengebunden.

Jakobus schreibt ihnen, dass Anfechtungen die Bewährungsproben des Glaubens sind. Ein bewährter Glauben ist ein geduldiger Glaube. Geduld heißt hier im wörtlichen Sinn übersetzt: darunter bleiben. Wer glaubt, der bleibt. Wer in Anfechtung bleibt, bleibt unter den Verheißungen Gottes und unter seiner Liebe und Treue, obwohl die Erfahrung ihn gerade anderes lehren will. Geduld ist somit ein besonders starker Glaube. Ein solcher Glaube hat eine große Verheißung im Jakobusbrief: ein vollkommenes Werk soll daraus erwachsen.

Wieder sehen wir etwas Wichtiges: Glaube als Vertrauen auf die Treue Gottes ist zwar eher etwas Passives, weil er an der Treue des anderen festhält. Doch damit ist er in eine Dynamik eingebunden, die ihn nicht passiv bleiben lässt. Es wachsen Aktivitäten und Taten aus diesem Festhalten an Gott heraus. Dies wird im Jakobusbrief bald sehr betont werden. Doch zuerst geht es um Glauben und Zweifeln und um den Glauben, der sich im Gebet ausdrückt.

„Er bitte aber im Glauben und zweifle nicht; denn wer zweifelt, der gleicht einer Meereswoge, die vom Winde getrieben und aufgepeitscht wird. Ein solcher Mensch denke nicht, dass er etwas von dem Herrn empfangen werde. Ein Zweifler ist unbeständig auf allen seinen Wegen" (Jakobus 1,6-7).

Hier stellt sich nun die Frage nach Glauben und Zweifeln. Darf derjenige, der auf Gott vertraut, nicht zweifeln? Dafür müssen wir zuerst genauer verstehen, was Zweifeln bedeutet.

Es gibt unterschiedlichen Zweifel[1]:

1. Zweifel, der Positionen und Meinungen kritisch hinterfragt, um nicht blindlings anderen Menschen zu vertrauen.
2. Zweifel daran, ob alles ganz erklärbar ist.
3. Zweifel, wenn bestehende Gottesbilder zusammenbrechen.
4. Zweifel als Misstrauen aufgrund von Enttäuschungen in einer Beziehung.
5. Zweifel an mir oder meinen Überzeugungen, weil andere mich infrage gestellt haben.

Alle diese Zweifel können gut oder schlecht sein, doch Jakobus meint sie nicht. Er kritisiert nur den Zweifler, der sein Vertrauen auf Gott und zugleich auf etwas anderes setzt und seine Lebenspraxis versucht, zugleich auf beide Ziele auszurichten. Wer seine Lebenspraxis auf Gott ausrichtet und zugleich auf andere Sicherheiten, der ist ein geteilter Mensch. Solch ein Vertrauen will Gott nicht. Wer sich aber trotz seiner Zweifel an Gott und seinem Maßstab orientiert, dessen Zweifel widersprechen dem Glauben nicht. Ein solcher Mensch richtet sich voller Vertrauen im Gebet an Gott. Er weiß zwar nicht, wann und wie Gott sein Gebet erhört, aber er richtet sich dennoch durch das Gebet ganz auf Gott aus. Einen solchen Gebetsglauben wird Gott reichlich belohnen (so auch Jakobus 5,15).

---

1   Vgl. Veronika Hoffmann: Zweifeln und Glauben, Stuttgart 2018.

Glauben und Handeln im Jakobusbrief

Im zweiten Kapitel entfaltet Jakobus seine Gedanken weiter:

„Meine Brüder und Schwestern, haltet den Glauben an Jesus Christus, unsern Herrn der Herrlichkeit, frei von allem Ansehen der Person" (Jakobus 2,1).

Der Glaube bezieht sich auf Jesus Christus, und dieser macht keinen Unterschied zwischen den Menschen. Deshalb dürfen diejenigen, die sich glaubend auf seine Treue und Liebe beziehen, auch keinen Unterschied zwischen Menschen machen. Glaube als Beziehungsbegriff hat Konsequenzen. Die Beziehung zu Jesus Christus verbietet den Glaubenden, anders gegenüber Mitmenschen zu handeln, als Jesus das tun würde. Im folgenden Abschnitt betont Jakobus deshalb, dass der Glaube zum guten und barmherzigen Handeln gegenüber dem Mitmenschen führen muss. Ein empfangendes Vertrauen gegenüber Jesus Christus, das nicht zu aktivem barmherzigem Handeln im Sinne von Jesus führt, ist ein toter Glaube. Dieser Glaube bewegt sich nicht, er ist starr und leblos. Solche Taten beleben den Glauben, wie die Seele den Körper belebt (Jakobus 1,26). Hier wird Jakobus deutlich: Glaube ist nie nur ein Fürwahr-Halten. Als Beziehungsbegriff vertraut Glaube auch auf die Inhalte von Worten und auf Zusagen Gottes, aber er ist immer mehr.

„Du glaubst, dass nur einer Gott ist? Du tust recht daran; die Dämonen glauben's auch und zittern" (Jakobus 2, 19).

Auch die Dämonen halten es für wahr, dass Gott ein einziger ist. Doch selbst ihr Glaube ist ein Beziehungsbegriff: Sie fürchten sich aufgrund ihres Glaubens vor Gott und zittern. Doch das ist viel zu wenig: Wer im Glauben von Gott dessen Liebe und Barmherzigkeit empfängt, soll diesem Glauben dadurch Form und Gestalt geben, dass er Liebe und Barmherzigkeit weitergibt. Denn sonst ist sein Glaube nur ein Für-wahr-Halten. Es ändert sich nichts. Die Beziehung zeigt keine Konsequenzen und deshalb ist sie letztlich auch keine, denn Beziehung ist etwas Bewegtes und Lebendiges.

Zusammengefasst lässt sich sagen: Der lebendige Glauben im NT verlässt sich auf die Treue von Jesus Christus und von Gott. Glauben bedeutet, sich selbst der Treue Gottes und der Liebesbeziehung zu ihm zu überlassen. Im Glauben empfängt der Mensch für sich, was Gott für ihn getan hat, und vertraut darauf, dass Gott weiterhin treu zu ihm ist und ihm gegenüber treu handelt. Glauben bedeutet „bleiben", „dabeibleiben", auch „unter dem Druck einer Situation bleiben" und „warten", solange Gott keinen Ausweg schenkt. Passiv empfangender Glaube befähigt zum aktiven Weitergeben. Wer Gott vertraut, hält das für wahr, was Gott getan hat, und spricht. Zugleich fängt er an, diese Liebe, Barmherzigkeit und Treue weiterzugeben. Daran wird der Glaube eines Menschen sichtbar.

Die anderen neutestamentlichen Autoren bewegen sich innerhalb dieser Bedeutungen und setzen weitere Akzente.

Paulus: Im Zentrum steht der Glaube

Paulus ist der große Glaubensapostel. Für ihn spielt Glaube zusammen mit der Gnade die grundlegende Rolle für alle Menschen. Jesus Christus gibt sich selbst in den Tod aus Liebe zu den Menschen. Obwohl die Menschen Sünder sind, bleibt Gott ihnen mit seiner Liebe treu und schenkt ihnen seinen Sohn. Diese Gabe nennt Paulus *charis*, das heißt Gnade. Doch wie soll der Mensch dieses Geschenk empfangen? Er soll sein ganzes Vertrauen darauf setzen und bei dieser Gnade bleiben. Ja, die Fähigkeit zu diesem Glauben ist ebenfalls durch Gott bewirkt. Dieses Vertrauen nennt Paulus Glauben (*pistis*). So kann nur derjenige, der glaubt, gerettet werden, weil derjenige, der nicht glaubt, sich nicht vom Gnadengeschenk Gottes erreichen lässt. Wer nicht glaubt, lässt sich nicht auf die Treue Gottes und damit nicht auf eine Beziehung mit Gott ein.

Paulus betont: Das Evangelium rettet jeden, der glaubt. In Jesus Christus werden die sündigen Menschen für Gott gerecht gesprochen. Im Glauben empfangen sie dies und werden dadurch erst recht zu Glaubenden. Paulus schreibt: *„aus Glauben zu Glauben"*. Und auch für Paulus ist klar, dass der Glaubende zum Handelnden wird: *„Der Gerechte wird aus Glauben leben"* (Römer 1,16 f; 3,22).

Gott ist und bleibt treu gegenüber den Menschen. Sogar die Untreue der Menschen hebt seine Treue nicht auf. Paulus verwendet *pistis* meistens für den Glauben der Menschen, aber dann auch für die Treue Gottes (Römer 3,3). Glauben ist auch für ihn ein Beziehungsbegriff.

Im Gegensatz zu Jakobus achtet Paulus scharf darauf, dass der Glaube zwar zum Handeln führt, aber dieses Handeln auf keinen Fall dafür eingesetzt werden darf, um die Gnade, Liebe und Treue Gottes zu erwerben. Entweder erwirbt man sich die Gerechtigkeit von Gott durch das Handeln nach dem Gesetz oder man empfängt sie ohne eigenes Dazutun. Ein Mittelweg ist ausgeschlossen. Wer etwas aktiv dazu beitragen will, um die Liebe und Vergebung und auch die bleibende Treue von Jesus Christus zu erlangen, der glaubt nicht, dass Jesus Christus allein alles für ihn getan hat. Dadurch verliert er Christus und muss alles selbst tun. Doch das gelingt keinem Menschen, weil jeder Mensch ein Sünder und deshalb getrennt von Gott ist. Erst wenn der Mensch darauf vertraut, dass er nichts tun muss und darf, um von Jesus Christus geliebt und angenommen und vor Gott gerecht zu sein, ist er fähig, in freier Liebe gegenüber seinen Mitmenschen zu handeln. Dieses Handeln ist das Ziel, aber allein der passive, die Liebe Gottes empfangende Glaube führt zum Frieden mit Gott (Römer 5,1), und erst aufgrund dieses Friedens ist es möglich, den Mitmenschen freiwillig zu lieben.

So ist Glaube die absolute Grundlage für die Gottesbeziehung des Menschen. Glaube bedeutet für Paulus, sich dem gnädigen Gott zu überlassen und darauf zu vertrauen, dass er alles getan hat und alles tut, um den Menschen in seine Liebe hineinzunehmen. Der Glaube hält daran fest, was Jesus Christus in der Vergangenheit am Kreuz für die Menschen getan hat, und dass er auferstanden ist. Der Glaubende hält zugleich an Jesus selbst fest und bleibt in enger Beziehung zu ihm. Darauf fußt die Hoffnung des Glaubenden. Diese beinhaltet, dass alles, was für die Zukunft verheißen ist, eintreten wird: Jesus wird wiederkommen, und die Toten werden auferstehen. Die Liebe fußt ebenfalls auf dem Glauben und setzt ihn in der Gegenwart in die Tat um. Sie wird gespeist durch die Liebe und Treue Christi, die der Mensch im Glauben empfängt. So hängt alles zusammen: Gott liebt die Menschen, diese fassen Vertrauen dazu und empfangen beides im Glauben und werden so schließlich selbst zu Liebenden.

Die Liebe ist der Ausgangspunkt und das Ziel. In der treuen Liebe Gottes beginnt alles, sie wird im Glauben empfangen, in der Hoffnung ausgedrückt und in der Liebe zum Mitmenschen gelebt. Deshalb ist die Liebe die größte von diesen dreien: *„Nun aber bleiben Glaube, Hoffnung, Liebe, diese drei; aber die Liebe ist die größte* unter ihnen" (1 Korinther 13,13).

Matthäus, Markus, Lukas: Seinen Glauben auf Jesus setzen, bevor er handelt

In den synoptischen Evangelien liegt der Akzent noch auf weiteren Bedeutungen. Glaube bedeutet hier, an etwas festhalten und jemandem etwas zutrauen. Es gibt die „Kleinen", die an Jesus festhalten. Wer ihren Glauben zerstört, der begeht ein schweres Verbrechen (Markus 9,42). Jesus fordert den Synagogenvorsteher Jairus auf: *„Fürchte dich nicht; glaube nur."* Er soll Jesus zutrauen, dass dieser seine Tochter zum Leben erwecken kann. Der Gegensatz zum Glauben ist hier nicht Zweifel oder Unglaube, sondern Furcht. Manche Menschen werden von Jesus einfach geheilt. Andere werden geheilt, weil sie in einer bestimmten Situation ihr Vertrauen ganz auf Jesus setzen und ihm die Heilung zutrauen, so in Markus 9,23 f: *„Jesus aber sprach zu ihm: Wenn du das kannst? Dem Glaubenden ist alles möglich. Sogleich schrie der Vater des Kindes und sagte: Ich glaube. Hilf meinem Unglauben!"*

Der Vater eines besessenen Knaben setzt sein Vertrauen auf Jesus und traut ihm viel zu. Zugleich ist er unsicher, ob er ihm genügend vertraut, und bittet deshalb Jesus direkt um Unterstützung bei seinem Vertrauen. Ein solcher Gebetsglauben ist also etwas Dynamisches.

Wer Gott im Gebet viel zutraut, der wird erleben, wie dieses Gebet sein Ziel erreicht. Solches Zutrauen kann sprichwörtlich Berge versetzen. Das wird in den Evangelien mehrfach verheißen, so etwa in Markus 11,23-24: *„Wahrlich, ich sage euch: Wer zu diesem Berg sagen wird: Hebe dich empor und wirf dich ins Meer! und nicht zweifeln wird in seinem Herzen, sondern glauben, dass geschieht, was er sagt, dem wird es werden. Darum sage ich euch: Alles, um was ihr auch betet und bittet, glaubt, dass ihr es empfangen habt, und es wird euch werden."*

Der Senfkornglaube wird zu einem bergeversetzenden Glauben. Wer sich mit was für einer Glaubensquantität auch immer im Gebet an Gott wendet, setzt damit seinen Glauben auf Gott. Gott will solche Gebete – oder anders gesagt: solchen Glauben – erhören.

In der Regel will Jesus mit seinen Wundern gerade keinen Glauben wecken. Dort, wo kein Glauben ist, kann er auch keine Wunder tun. Jesus reagiert mit seinen Wundern auf Glauben. Das unterscheidet ihn von zeitgenössischen Wundertätern. Glauben bedeutet hier, Jesus schon im Voraus zu vertrauen.

Johannesevangelium: Auf Jesu Worte vertrauen und in Jesus bleiben

Auch im Johannesevangelium spielen Glauben und Vertrauen als Verb eine wichtige Rolle. Die Menschen, die glauben, dass Jesus der Sohn Gottes ist und auf sein Wort als das Wort von Gott vertrauen, werden zu Schülern von Jesus (Johannes 12,44). Dasselbe gilt für diejenigen, die auf die Zeugen und deren Zeugnis von Jesus Christus hören (1,7; 4,39.41 f.50; 5,24; 17,20). Auch in diesem Evangelium weist Jesus Menschen zurück, die ein Wunder suchen, um zu glauben. Dies ist die Haltung der ungläubigen Welt (2,18; 4,48). Doch bei denjenigen, die glauben, sollen seine wunderbaren Zeichenhandlungen noch tieferen Glauben und tieferes Verstehen wecken (2,11.23; 4,53). Glauben kann zum tieferen „Sehen" und zum „Verstehen" führen. Glauben bedeutet, in Jesus zu bleiben (Johannes 8,3; 15,9).

Ertrag: Im Zentrum steht der Glauben

„Glaube" und „glauben" beziehungsweise „Vertrauen" und „vertrauen" sind im Neuen Testament zentral. *Pistis* und *pisteuo* werden zur Bezeichnung der Anhänger der neuen religiösen Bewegung verwendet, schon bevor sich diese als Christen bezeichnen. Im Begriff schwingt die Treue Gottes in Jesus Christus mit. Doch vor allem ist der Mensch gemeint. Er ist der Glaubende und er soll vertrauen. Glaube heißt im Neuen Testament:

- Einer Botschaft und deren Überbringer Vertrauen schenken.
- In diesem Zusammenhang auch: eine solche Botschaft annehmen, sie für wahr halten und ihr gehorchen.
- Gott vertrauen und sich ganz auf ihn verlassen.
- Treue und Zuverlässigkeit.
- Glaube als Zusammenfassung der Gottesbeziehung und als Antwort des Menschen auf Gottes Heilstat.
- Glaube an Jesus Christus.
- Das, was geglaubt wird (Glaubensinhalt).
- Gebetsglauben.
- Jesus oder Gott etwas zutrauen, wie etwa die Fähigkeit, Wunder zu tun.

Der Gegensatz zum Glauben ist der Zweifel, der dazu verführt, sowohl auf Gott als auch auf eine andere Sicherheit zu vertrauen. Wer zweifelt und sich doch ganz zu Gott im Gebet hinwendet und sein kleines Vertrauen auf Gott setzt, der ist im biblischen Sinn kein Zweifler. Somit bedeutet Glauben im Neuen Testament, sich Gott zu überlassen, sich auf Jesus Christus, seine Worte und seine Taten zu verlassen und ihm alles zuzutrauen.

„GLAUBT IHR NICHT, SO BLEIBT IHR NICHT" – GLAUBE, UNGLAUBE UND ZWEIFEL IM ALTEN TESTAMENT

Siegfried Kreuzer

Glauben und Glaube sind Worte, die in großer Bandbreite verwendet werden. Im Kleinen Katechismus hat Martin Luther das Glaubensbekenntnis und die Erklärungen dazu einfach mit „Der Glaube" überschrieben. Jochen Klepper hat ein entsprechendes Glaubenslied geschrieben „Wir glauben Gott im höchsten Thron ... wir glauben Christus, Gottes Sohn ... wir glauben Gott den Heiligen Geist, den Tröster, der uns unterweist ...". Es gibt umfangreiche Lehrbücher „Glaube im Neuen Testament" oder „Alttestamentlicher Glaube". Es gibt den großen Rahmen der Glaubensaussagen, und es gibt den hoffnungs- und sehnsuchtsvollen Ruf der Jahreslosung: „Ich glaube, hilf meinem Unglauben" und das herausfordernde Wort des Propheten Jesaja: „Glaubt ihr nicht, so bleibt ihr nicht" (Jesaja 7,9).

Glauben und Glaube stehen immer in diesem Spannungsfeld zwischen der inhaltlichen Aussage und dem existenziellen persönlichen Bezug dazu. Das zeigt sich in den Glaubensbekenntnissen, die in diesem persönlichen Bezug formuliert sind: „ich glaube" oder „wir glauben". Glaube hat einen persönlichen Bezug und einen bestimmten Inhalt. Klassisch ausgedrückt wurde das mit dem lateinischen Begriffspaar *fides qua creditur* und *fides quae creditur*, woran ich glaube und was ich glaube.

Glaube als existenzielles Geschehen

Im Alten Testament kommt der Begriff „Glaube" überraschend selten vor, aber dafür an bedeutenden Stellen. Ein markanter Beleg ist Jesaja 7,9: *„Glaubt ihr nicht, so bleibt ihr nicht."* Wie markant dieser „Meisterspruch" des Propheten Jesaja ist, zeigt sich im Hebräischen: „Glauben" und „bleiben" sind mit zwei unterschiedlichen Formen des Verbums *'āman*, „fest sein", „Bestand haben", gebildet, von dem auch das Wort „Amen" (fest, zutreffend) abgeleitet ist. Man könnte übersetzen: „Wenn ihr euch nicht festmacht (nämlich in Gottes Zusage), dann werdet ihr nicht fest bleiben bzw. keinen Bestand haben."[2]

Zum ersten Mal kommt „glauben" in der Abrahamgeschichte in 1 Mose 15,6 vor: Gott verheißt dem alten und noch immer kinderlosen Abraham, dass seine Nachkommen so zahlreich sein werden wie die Sterne am Himmel oder der Sand am Meer. Gegen allen Anschein und entgegen allem Zweifel macht sich Abraham in dieser Zusage fest: *„Abram glaubte dem HERRN, und das rechnete er ihm zur Gerechtigkeit."* Mit diesem Vertrauen auf Gott wurde

---

2   Die Bibel in heutigem Deutsch versucht, das Wortspiel mit „bleiben" nachzuahmen: „Wenn ihr nicht bei ihm bleibt, bleibt ihr überhaupt nicht." Luther folgte hier in der Wortwahl der Vulgata: *si non credideritis non permanebitis* (Wenn ihr nicht glauben werdet, werdet ihr nicht bleiben), so wie es auch die Zürcher Bibel und die kath. Einheitsübersetzung beibehalten haben.

Abraham zum Ahnherrn Israels und zum Vater des Glaubens.

Die nächsten wichtigen Stellen für Glauben sind 2 Mose 4,31 und 14,31. Nachdem die Israeliten im ersten Anlauf nicht auf Mose gehört hatten, glaubten sie nun, nachdem Gott ihn noch einmal gesandt und mit weiteren Zeichen ausgestattet hatte. Die Aussage ist auffallend. Es wird nur festgestellt: *„Das Volk glaubte."* Natürlich geht es um Mose, aber hinter seinen Worten steht Gott. Letztlich glauben die Israeliten an Gott. Dementsprechend werfen sie sich nieder und beten ihn an. Konkret wird der Glaube dann, indem sie sich mit Mose auf den Weg machen. Nach dem erfolgten Auszug und der Errettung am Schilfmeer wird festgestellt: *„So sah Israel die mächtige Hand, mit der der Herr an den Ägyptern gehandelt hatte. Und das Volk fürchtete den Herrn und sie glaubten ihm und seinem Knecht Mose."* Glaube ist hier das Ergebnis der erfahrenen Rettung.

Die Rettungsgeschichte des Exodus ist somit gerahmt vom Thema des Glaubens: Das Geschehen beginnt, indem die Israeliten glauben, und es mündet in den Glauben an Gott und an Mose (man könnte dabei an die Formulierung des Paulus in Röm 1,17 denken: *„aus Glauben zu Glauben"*). Trotzdem ist der weitere Weg der Israeliten begleitet von den Murrgeschichten und vom Zweifel, ob der Weg mit Gott auch wirklich zum Ziel führt *(„und trotzdem glaubtet ihr nicht",* 5 Mose 1,32; 9,23).

So ist einerseits Glaube trotz Zweifel die Grundlage und andererseits Zweifel trotz Glaubenserfahrung der Begleiter auf dem Weg des Gottesvolkes. Auch in den Geschichtspsalmen wird die Frühzeit unter diesem doppelten

Aspekt gesehen: Nach der Errettung aus Ägypten „glaubten sie an seine Worte und sangen sein Lob" (Ps 106,12 mit Blick auf 2 Mose 15), und doch waren sie bald danach wieder ohne Vertrauen: „Sie glaubten seinem Worte nicht und murrten in ihren Zelten; sie gehorchten der Stimme des Herrn nicht" (Ps 106,24 f.; ähnlich Ps 78,22.32).

Auch in der Botschaft der Propheten geht es immer wieder um den Glauben im Sinn des Vertrauens auf Gottes Wirken und ein von daher bestimmtes Handeln. So in der eingangs erwähnten Passage in Jesaja 7,9, wo Jesaja König Hiskija und seine Entscheidungsträger auffordert, auf Gottes Hilfe zu vertrauen (und sich nicht voreilig den Assyrern zu unterwerfen, aber auch nicht Bündnisse mit anderen, letzten Endes unzuverlässigen Großmächten einzugehen; vgl. 28,15). In diesem Zusammenhang steht auch das andere Wort des (ersten) Jesaja, in dem es um den Glauben geht: „Wer glaubt, der flieht nicht" (Jes 28,16). Das seltene hebräische Wort ḥūš bedeutet „eilig sein", „in Eile oder Hast geraten".[3] Etwas frei könnte man auch übersetzen: „Wer glaubt, gerät nicht in Panik." Auch diesen zweiten kurzen Spruch im Jesajabuch könnte man als Meisterspruch bezeichnen. Gemeinsam haben beide Worte nicht nur ihre Prägnanz, sondern auch, dass sie zwar auf eine bestimmte Situation und natürlich auf Gott bezogen sind, dass sie aber zugleich prinzipiell über Glauben

---

3　Die Vulgata hat „qui crediderit non festinet" d. h. „wer glaubt, eilt nicht / läuft nicht davon". Die Lutherbibel 1534 versuchte hier eine klangliche Anspielung: „wer gleubt, der fleugt nicht", was im heutigen Deutsch nicht mehr geht. Die Zürcher Bibel 2007 übersetzt: „Wer glaubt, wird nicht weichen!" Die Einheitsübersetzung hat: „Wer glaubt, treibt nicht zur Eile."

reden und zwei grundlegende, existenzielle Aussagen machen: *„Glaubt ihr nicht, so bleibt ihr nicht"* und *„Wer glaubt, der flieht nicht"*.

Über diese beiden hinaus gibt es nur wenige Stellen bei den Propheten, wo vom Glauben an Gott gesprochen wird: In Jesaja 43,10 sind die Israeliten die Zeugen Gottes vor den Völkern und zugleich sollen sie selbst erkennen und glauben, dass der Gott Israels der einzige Gott ist: vor ihm war keiner und nach ihm wird keiner sein.

Im Jonabuch wird – nach der Predigt des Jona in Ninive – schlicht festgestellt: *„Da glaubten die Leute von Ninive an Gott und ließen ein Fasten ausrufen"* (Jon 3,5).

Wie ein fernes Echo des Jesajabuches wirkt schließlich der berühmte Satz in Habakuk 2,4: *„Siehe, wer halsstarrig ist, der wird keine Ruhe in seinem Herzen haben, der Gerechte aber wird durch seinen Glauben leben."* In den Versen davor geht es darum, dass sich die Erfüllung der Verheißung verzögert, dass aber das angekündigte Handeln Gottes eintreffen wird. *„Der Gerechte wird aus Glauben leben"* mahnt zum Festhalten an der Verheißung und zum Vertrauen auf Gottes Wirken.

Glauben, Vertrauen, Zweifel

Um Glauben im Sinn der Hinwendung zu Gott geht es im Alten Testament natürlich nicht nur an den wenigen Stellen, wo das hebräische *hä'ämin* vorkommt, auch wenn diese Belege ein interessantes Netz über das Alte Testament spannen. Ein anderer wichtiger Begriff ist hebr. *bātaḥ*, vertrauen, und nicht zuletzt wird, wie oft im Alten Testament, ein wichtiger Sachverhalt nicht durch einen Begriff, sondern durch eine Erzählung ausgedrückt.

Glauben im Alten Testament ist grundlegend Vertrauen auf Gott, konkret darauf, dass Gott zu Hilfe kommen und retten wird. Dieses Vertrauen wird vor allem in den Psalmen immer wieder ausgesprochen. In den Klagepsalmen wenden sich die Beter an Gott um Hilfe. Sie rufen sehnsuchtsvoll oder klagend oder zuversichtlich. Viele Psalmen wollen nicht nur über eine Not berichten und um Hilfe rufen, sondern sie wollen dazu anleiten, Gott zu vertrauen und sich in den verschiedensten Nöten an ihn zu wenden:

„Aber du, Herr, bist der Schild für mich, du bist meine Ehre und hebst mein Haupt empor. Ich rufe mit meiner Stimme zum Herrn, so erhört er mich von seinem heiligen Berge. Ich liege und schlafe und erwache; denn der Herr hält mich … Bei dem Herrn findet man Hilfe" (Ps 3,4-6.9).

„Auf dich, Herr, mein Gott, traue ich! Hilf mir von allen meinen Verfolgern und errette mich!" (Ps 7,2).

„dass meine Feinde zurückweichen mussten; sie sind gestürzt und umgekommen vor dir. Denn du führst mein Recht und meine Sache, du sitzest auf dem Thron, ein rechter Richter" (Ps 9,4-5).

Allerdings lässt die Erfahrung der Hilfe manchmal auf sich warten. Gott scheint untätig zu sein oder sich vom Beter abgewandt zu haben. Zweifel und Anfechtung begleiten die Hoffnung:

„Herr, warum stehst du so ferne, verbirgst dich zur Zeit der Not?" (Ps 10,1).

„Sei nicht ferne von mir, denn Angst ist nahe; denn es ist hier kein Helfer" (Ps 22,12).

Entgegen allen Zweifeln vertraut der Betende aber doch auf Gottes Hilfe und zugleich will der Psalm andere in dieses Vertrauen hineinnehmen und dazu hinführen: *„Ich aber wäre fast gestrauchelt mit meinen Füßen; mein Tritt wäre beinahe geglitten … Dennoch bleibe ich stets an dir; denn du hältst mich bei meiner rechten Hand, du leitest mich nach deinem Rat und nimmst mich am Ende mit Ehren an. Wenn ich nur dich habe, so frage ich nichts nach Himmel und Erde. Wenn mir gleich Leib und Seele verschmachtet, so bist du doch, Gott, allezeit meines Herzens Trost und mein Teil"* (Ps 73,2.23-26).

„Ich harre des Herrn, meine Seele harret, und ich hoffe auf sein Wort. Meine Seele wartet auf den Herrn mehr als die Wächter auf den Morgen" (Ps 130,5-6).

„Ich glaube aber doch, dass ich sehen werde die Güte des Herrn im Lande der Lebendigen" (Ps 27,13).

Die Verbreitung des Glaubensbegriffs in der Spätzeit des Alten Testaments

Die Stelle in Psalm 27,13 ist eine der wenigen Stellen (außer in den bereits genannten Geschichtspsalmen), an der das Verbum *hä'ämin,* „glauben", vorkommt. Die Aussage des Verses zeigt, wie eng Vertrauen und Glaube zusammengehen. Es ist aber interessant, dass die Psalmensprache auch das Wort „Glaubende"/„Gläubige" (*'ämûnîm*) als einen festen Begriff verwendet, so in Psalm 31,24: *„Liebet den Herrn, alle seine Heiligen! Die Gläubigen behütet der Herr"* und in der Klage von Psalm 12,2: *„Die Heiligen haben abgenommen, und wenig sind die Gläubigen unter den Menschen."*

So zeigt sich, dass sich in der Spätzeit des Alten Testaments der Begriff der „Gläubigen" für jene, die am Gott Israels festhalten und ihm vertrauen, herausbildet. Diese Entwicklung mag mit der zunehmenden Konzentration auf Abraham zusammenhängen. Jedenfalls hat sie sich in der zwischentestamentlichen Zeit verstärkt.

Dabei verlagert sich in den frühjüdischen Schriften der Abrahambezug von der Verheißung (in 1 Mose 15) hin zum Gehorsam Abrahams, wobei an die sogenannte Opferung Isaaks (*„Der Herr versuchte Abraham"*, 1 Mose 22) gedacht wurde: *„Wurde nicht Abraham versucht und blieb im Glauben fest und wurde ihm das nicht zur Gerechtigkeit angerechnet?"* (1 Makk 2,52). Besonders in den Qumranschriften wird Glaube eng mit dem Halten der Gebote verbunden, in den Weisheitsschriften dagegen mit Geduld. Es gibt aber, insbesondere bei Philo von Alexandria, auch den Bezug auf Glauben im Sinn von 1 Mose 15,6 und als enge, unmittelbare Bindung an Gott.

Die griechische Übersetzung des Alten Testaments hat sich mit der Wahl von *pisteuein/pistis/pistos* mit der Grundbedeutung „fest sein", „verlässlich sein" eng an das hebräische *hä'ämin* angelehnt und damit die Grundlage für die neutestamentliche Begrifflichkeit für Glaube gelegt.

Glaube und Glaubensinhalt

Glaube ist nicht nur ein existenzieller Akt des Vertrauens, sondern er hat natürlich auch einen Bezugspunkt und einen Inhalt. Der Bezugspunkt des alttestamentlichen Glaubens ist Jahwe, der Gott Israels.

Bezeichnenderweise beginnen auch die Klagepsalmen immer mit der Anrede bzw. Anrufung Gottes. In den Klagegebeten der Umwelt suchen die Beter manchmal, wer die für das jeweilige Leiden zuständige Gottheit ist. Im Alten Testament ist das immer klar: Es ist Jahwe, der Gott Israels. Er wird angerufen, auf ihn wird vertraut, an ihn wird geglaubt.

Das gilt auch für die religiösen Vorstellungen und Riten, die manchmal denen der Umwelt durchaus ähnlich sind, aber das Entscheidende ist die Identifikation durch den Namen: Es geht um Jahwe, den Gott Israels. Er stellt sich vor: *„Ich bin Jahwe, dein Gott"* (2 Mose 20,2), und er lässt sich erkennen: *„dass sie erkennen sollen, ich sei Jahwe, ihr Gott"* (2 Mose 29,46), *„… und du wirst Jahwe erkennen"* (Hos 2,22).

Der Name Jahwe ist verbunden mit bestimmten Inhalten. Die Erklärung von 2 Mose 3,14, *„Ich bin, der ich bin"*, verweist auf seine Wirksamkeit. Zugleich wahrt Gott mit dieser merkwürdigen Formulierung sein Geheimnis und seine Unverfügbarkeit. In Hosea 1,9 wird die Erklärung von 2 Mose 3,14 konkretisiert: „Ich bin der, der für euch da ist" (so aus der Negation *„ich bin nicht mehr für euch da"* zu erschließen). In 2 Mose 33,19 wird in Anspielung an 2 Mose 3,14 die Freiheit Gottes mit seiner gnädigen Zuwendung verbunden: *„Wem ich gnädig bin, dem bin ich gnädig."*

Die wichtigste Konkretion ist aber das, worauf auch schon in 2 Mose 3,14 vorausgeblickt wird, nämlich die Errettung aus Ägypten: *„Ich bin der Herr[4], dein Gott, der ich dich aus* Ägyptenland, aus der Knechtschaft, geführt habe" (2 Mose 20,2; vgl. Hos 11,1 u. ö.). Dieses Grundbekenntnis wird in vielfacher Weise entfaltet und dann auch erweitert: in die weitere Geschichte der Wüstenwanderung, der Offenbarung am Sinai, der Einnahme des verheißenen Landes; erweitert auch in die Vorgeschichte mit Abraham und den Erzvätern und Erzmüttern (so zum Beispiel in den Geschichtspsalmen, Ps 77 / 78; 105 / 106).

Dieser eine Gott Israels ist der Geber und auch der Beschützer des Lebens und er ist der, der seinem Volk Israel trotz aller Umwege und Irrwege die Treue hält und es immer wieder zu sich holt und es rettet. Das gilt schon für die Frühzeit der Wüstenwanderung und der Richterzeit und genauso für die weitere Geschichte, durch die Königszeit und durch die Zeiten des Exils und die Diasporaerfahrungen.

Der Gott Israels ist aber auch der Schöpfer und Bewahrer der Welt und aller Menschen (Ps 136). So ist es jedenfalls das Bekenntnis Israels, denn so wie er sich für Israel erwiesen hat, so muss er es auch für die ganze Welt sein. Er ist der wahre und einzige Gott und er lenkt – auch entgegen allem äußeren Anschein – sowohl die Geschichte der Völker und der einzelnen Menschen als auch die Geschicke der Schöpfung: *„Fürwahr, du bist ein verborgener Gott!"* (Jes 45,15), der sich aber doch zu erkennen gibt, und der hilft und rettet.

---

4   Ab hier verwende ich wieder wie zuvor die übliche Ersatzlesung Herr, die schon auf die frühjüdische Lesepraxis (*ᵃdōnāj* = Herr) zurückgeht. Zur Unterscheidung vom gewöhnlichen Herrn (hebr. *'ādōn*) wird seit Luther die Schreibung mit Großbuchstaben bzw. Kapitälchen verwendet.

Davon gibt das Alte Testament in vielfältiger Weise Zeugnis, in den Erzählungen, in den Bekenntnissen, im Gotteslob der Psalmen, im gedanklichen Ringen um den Glauben, im sehnsuchtsvollen Rufen und Ringen der Betenden, im dankbaren Lobpreis der Geretteten und im glaubensvollen Vertrauen auf Gott.

Glaube als Wissen und existenzielle Haltung

Glaube als Wissen und Erkenntnis und Glaube als existenzielle Haltung und Erfahrung gehören im Alten Testament untrennbar zusammen. Beides ist aber kein selbstverständlicher Besitz, sondern bleibt etwas, worum gerungen werden muss, und was letztlich ein Geschenk ist.

Der Ruf: „Herr, ich glaube, hilf meinem Unglauben" bzw. „Herr, wir glauben, hilf unserem Unglauben" könnte auch im Alten Testament stehen.

Thematische Anknüpfungen

FEST VERWURZELT

Meditation zum Titelbild von Inge Heinicke-Baldauf
und zur Jahreslosung

Johannes Beer

Auf den ersten Blick

Helles lichtes Gelbgrün bestimmt den ersten Eindruck
dieses Bildes von Inge Heinicke-Baldauf zur Jahreslosung
2020. Man hat den Eindruck eines lichten Farbraumes.
Das ganze Bild wirkt irgendwie strahlend in diesem Gelbgrün, obwohl sich sehr schnell eine dunkle Gestalt im linken Vordergrund abhebt. Diese geht mit ihrer Farbigkeit
ins Schwarzbraune, auch wenn Grüntöne dies gerade im
oberen Teil immer wieder durchbrechen. Und dann sind
da diese Zweige. Sie sprießen hervor und tragen frische
Blätter, die in ihrem lichten Blattgrün geradezu leuchten.
Sie glänzen im Licht einer diffusen Lichtquelle, die sich
scheinbar im Hintergrund befindet. Dort ist das Bild am
hellsten und strahlt uns entgegen. Auch die Figur im Vordergrund ist am Kopf von diesem Licht ergriffen und re-
flektiert es.

Die Figur

Natürlich ist das eine menschliche Gestalt. So erkennen wir es auf den ersten Blick. Die Silhouette eines Oberkörpers und eines Kopfes ist deutlich wahrzunehmen. Aufrecht ist sie und macht in ihrer vorgeneigten Art den Eindruck, als ob die Person steht, obwohl sie auch sitzen oder knien könnte. Der Kopf ist leicht zur Seite dem hinteren Licht zugewendet, sodass wir das Profil deutlich sehen. Das Kinn, die Lippen, die Nase und die Stirn sind in ihrer klaren Kontur gut zu erkennen. Allerdings fehlen weitere Einzelheiten dieser Figur. Kopf und Körper sind mit breiten Pinselstrichen dicht hingetupft, sodass alle Details, die wir sonst an einem Menschen sehen können, hinter diesen Malstrukturen verschwinden. Nach oben hin wird der Kopf immer heller und auch immer grüner. Die Striche erinnern an Haare und sind doch so anders.

So bleibt das Konkrete dieser Person hinter dem Allgemeinen zurück. Es lässt sich zum Beispiel trefflich streiten, ob hier eine Frau oder ein Mann dargestellt ist. Ich habe in einer Reihe von Gesprächen über dieses Bild festgestellt, dass dies sehr unterschiedlich wahrgenommen wird. Die einen sehen auf jeden Fall einen Mann, die anderen sofort eine Frau und einige sind unsicher. Eine klare, deutliche und durch gemalte Hinweise eindeutige Geschlechtszuschreibung ist bei dieser menschlichen Figur nicht möglich. Es ist einfach ein Mensch, der symbolisch für jeden Menschen stehen kann. In dieser Figur können sich Menschen, egal welchen Geschlechtes, in diesem gelbgrünen Raum wiederfinden.

Der Baum

Je länger ich diese menschliche Figur im Bild von Inge Heinicke-Baldauf anschaue, desto mehr treten die gemalten
Strukturen in den Vordergrund. Da finden sich dunkle auf-
steigende Linien. Da verzweigen sich die Pinselstriche und
enden in getupften Formen. Da wechselt das Dunkle ins
Grüne. Und plötzlich sehe ich nicht mehr den Menschen,
sondern organisch gewachsene Strukturen. Die Figur wird
für mich zum Baum.

Als ich noch ein relativ kleines Kind war, fand ich bei
meiner Großmutter im Album ein kleines Schwarz-Weiß-
Foto. Ich habe es bis heute deutlich vor meinen inneren
Augen, da ich mit meiner Großmutter lange darüber
sprach. Auf diesem Foto sah ich Schultern und Hals und einen Kopf mit einem Gesicht. Aber ich wusste sofort, dass
das kein Mensch war, der hier fotografiert worden war.
Das erkannte ich. Da fehlte zu viel von dem, was einen
Menschen ausmacht. Und so fragte ich meine Großmutter,
was hier aufgenommen worden sei. Sie erklärte mir, dass
es eine sehr alte Kopfweide zeige, die immer wieder zu-
rückgeschnitten worden sei. Und diese hier sei dann eben
wirklich so gewachsen, dass sie wie ein Kopf aussehe und
das Foto durch die Vernarbungen des Holzes wirke, als ob
die Kopfweide ein richtiges Gesicht hätte.

Ich wusste damals nichts von Kopfweiden, habe aber
natürlich seit damals viele gesehen. Und immer wieder suche ich, besonders wenn sie denn gerade frisch geschnitten
sind, eine Ähnlichkeit zu menschlichen Gestalten. Immer
wieder suche ich in dem vernarbten Holz Ähnlichkeiten zu

menschlichen Köpfen und hoffe, vielleicht sogar hin und wieder ein Gesicht zu erkennen, das an ein menschliches erinnert. Manchmal gelingt das. Und dann freue ich mich und denke an das kleine Schwarz-Weiß-Foto meiner Großmutter.

Inzwischen habe ich auch die Baumwesen der Märchen, in der Fantasy-Literatur und in Fantasy-Filmen kennengelernt. Besonders eindrücklich fand ich die Ents in „Der Herr der Ringe" von J. R. R. Tolkien. Baumbart, der uralte Herrscher der Ents, hatte immer meine volle Sympathie, was vielleicht mit meiner frühen Prägung durch das Schwarz-Weiß-Foto meiner Großmutter zusammenhängt. Ich verstand seine große Weisheit und die Güte dieses aus einer anderen Zeit stammenden Wesens, aber auch die Wut der Ents und ihren Willen zur Gerechtigkeit. So ergeht es mir inzwischen nicht nur bei Kopfweiden, sondern auch bei manchen anderen Bäumen, dass sie mich an menschliche Gestalten erinnern. Und immer wieder frage ich mich dann, was dieser oder jener Baum wohl zu erzählen hätte oder was er wohl von der Welt hält, auf der er steht, und von uns, die wir ihm gegenübertreten.

Als ich nun dieses Bild von Inge Heinicke-Baldauf zum ersten Mal sah, fiel mir dies alles ein. Die Gestalt erinnerte mich an das alte kleine Schwarz-Weiß-Foto meiner Großmutter und ließ zugleich Assoziationen zu manchem Baumwesen wach werden. Gut, die menschliche Baumgestalt auf dem Bild wirkt nicht so uralt und im Gesicht nicht so verholzt, wie wir das aus den Filmen kennen, aber wer weiß das schon so genau?

Die Zweige

Auf dem Bild von Inge Heinicke-Baldauf wachsen aus dieser baummenschlichen Gestalt zwei Zweige heraus. Sie scheinen aus der Schulter und dem oberen Brustbereich des Baummenschen herauszusprießen. Vielleicht täuscht dies auch und die menschliche Gestalt hat mit den davor aufwachsenden pflanzlichen Teilen keinen direkten körperlichen Zusammenhang. Für mich allerdings gehört hier beides, Baum und Mensch, zusammen. Und aus dieser baummenschlichen Gestalt wächst es frisch und lebendig. Die Zweige streben nach oben und recken sich ins Licht. Sie verästeln sich wiederum und tragen frische grüne Blätter. Diese sind länglich und spitz zulaufend. Sie erinnern mich an Lorbeer- oder auch Olivenzweige, ein bisschen auch an Weiden mit ihren Blättern. Vielleicht hat hier doch eine neu ausschlagende Kopfweide für die Darstellung Pate und Modell gestanden?

Früchte sind nicht zu erkennen. Es ist mehr die Anmutung von Frühling, von neuem Leben. Hier schlägt ein alter Baummensch neu aus. Man spürt die Kraft zum Neubeginn, das zaghafte Wachsen und Sprießen. Aus dem alten verholzten und damit starren Bereich kommt etwas Neues hervor. Und in diesem Neuen steckt mit seinem frischen Grün ganz viel Hoffnung auf die Zukunft. Dieses Grün verheißt Leben.

Dass ich dir werd' ein guter Baum

Während ich das Bild weiter betrachtete, kam mir Paul Gerhardts Vers aus seinem bekannten Lied „Geh aus, mein Herz, und suche Freud" in den Sinn: *„Mach in mir deinem Geiste Raum, dass ich dir werd' ein guter Baum, und lass mich Wurzel treiben. Verleihe, dass zu deinem Ruhm ich deines Gartens schöne Blum und Pflanze möge bleiben, und Pflanze möge bleiben."*

Es ist eine wunderbare bildhafte barocke Sprache in diesem bekannten und beliebten Lied. Man sieht die Sommerzeit mit all ihren Spielarten der wunderbaren Natur vor sich. Und schließlich singt Paul Gerhardt in einem der letzten Verse vom Baum. Aber er beschreibt ihn nicht nur, sondern setzt voraus, dass alle Mitsingenden das Richtige assoziieren. Und so sollen wir uns nicht an diesem Baum erfreuen, sondern zu einem solchen Baum werden. Bei Paul Gerhardts Sprachbild ist es wichtig, dass der Baum gut verwurzelt, also standfest ist. Und durch die Wurzeln nimmt er Kraft, Wasser und Nährstoffe auf, sodass der Baum eine *„schöne Blum und Pflanze"* bleiben kann. Wie sehr es Paul Gerhardt dann um das Blühen und auch Fruchtbringen geht, zeigt ja die vorherige Strophe des Liedes: *„Hilf mir und segne meinen Geist mit Segen, der vom Himmel fleußt, dass ich dir stetig blühe; gib, dass der Sommer deiner Gnad in meiner Seele früh und spat viel Glaubensfrüchte ziehe, viel Glaubensfrüchte ziehe."*

Paul Gerhardt nimmt dabei ein biblisches Sprachbild auf, das wir aus dem ersten Psalm kennen: *„Wohl dem, der nicht wandelt im Rat der Gottlosen noch tritt auf den Weg der Sünder,* noch sitzt, wo die Spötter sitzen, sondern hat Lust am Gesetz des Herrn und sinnt über seinem Gesetz Tag und Nacht! Der ist wie ein Baum, gepflanzt an den Wasserbächen, der seine Frucht bringt zu seiner Zeit, und seine Blätter verwelken nicht." Wiederum spielen die Wurzeln eine besondere Rolle, auch wenn sie nicht ausdrücklich erwähnt werden. Wiederum geht es um die stete und sichere Zufuhr von Wasser und Nährstoffen. Und wiederum geht es um das Blühen und Fruchtbringen.

Im Psalm und bei Paul Gerhardts Lied ist klar, dass das Wasser und die Nährstoffe für den glaubenden Menschen aus dem Wort und Segen Gottes bestehen, dass also nur im Glauben dieser Baum wachsen, grünen, blühen und Frucht bringen kann. Wenn er kein Wasser und keine Nährstoffe mehr bekommt, wird er verholzen und schließlich absterben. Dann wird er nicht grünen und keine frischen Zweige treiben.

Dieses sprachliche Bild des Psalms und des Liedes von Paul Gerhardt nimmt Inge Heinicke-Baldauf in ihrem Bild zur Jahreslosung 2020 auf. Zwar erkennen wir keine Wurzeln des Baummenschen, aber wir ahnen seine Standfestigkeit und sehen die frischen Zweige, die nur möglich sind, wenn Wasser und Nährstoffe aufgenommen werden können.

Glaube – Unglaube

Glauben heißt, dass man in der Ausrichtung auf Gott hin fest verwurzelt ist. In der Bibel ist das immer wieder Thema. Von Anfang an, beginnend mit Adam und Eva, sollen die Menschen auf Gottes Zuwendung hin ihm absolutes Vertrauen entgegenbringen. Sie sollen seine liebende Fürsorge mit ihrer Liebe erwidern. Sie sollen dies, wie es im bekannten Schma Jisrael, dem jüdischen Glaubensbekenntnis (5 Mose 6,4-9), heißt, von ganzem Herzen, von ganzer Seele und mit aller Kraft tun. Immer wieder wird dies von Gott und seinen Propheten eingefordert. Und auch Jesus fordert solchen Glauben. Er bezeichnet in einem Gespräch das Schma Jisrael als das höchste Gebot (Markus 12,28-34). Jesus wünscht, dass Menschen sich an Gott ausrichten und all ihre Hoffnung an Gott orientieren. Dabei spricht er davon, welche Kraft in einem solchen Glauben steckt. Er verheißt Glauben, der sogar Berge versetzen kann (Matthäus 21,21).

Aber auch der Unglaube ist von Anfang an eine Grunderfahrung der Bibel. Schon Adam und Eva scheitern an einem absoluten Vertrauen Gott gegenüber. Sie missachten seinen Willen und essen vom Baum der Erkenntnis. Sie vertrauen nicht Gottes Wort, sondern der Verlockung. Und so wird im Sündenfall deutlich, was für alle Menschen gilt: Niemand kann sich ganz auf Gott ausrichten. Niemand kann Gott immer und ohne Einschränkung vertrauen. Niemand kann Gott von ganzem Herzen, von ganzer Seele und mit aller Kraft lieben. Das Alte Testament ist voll von Erzählungen entsprechender Erfahrungen. Immer wieder hören und lesen wir, wie Gott aus dem Blick gerät, wie Einzelne und auch ganz Israel sich an anderem orientieren, statt sich auf Gott auszurichten. Immer wieder sehen wir, wie Verlockungen anderer Religionen oder wirtschaftlicher Stärke oder politische Machtspiele die

Entscheidungen beeinflussen, statt Gottes Willen und seine Gebote zugrunde zu legen. Und immer wieder sehen wir auch die Konsequenzen dieser Abwendung von Gott. Adam und Eva werden aus dem Paradies vertrieben. Sie werden sozusagen entwurzelt. Israel muss immer wieder die Konsequenzen seiner Entscheidungen tragen bis hin zur babylonischen Gefangenschaft und der weltweiten Zerstreuung. Auch sie sind also irgendwie entwurzelt. Das wunderbare Bild aus dem ersten Psalm trifft allzu oft nicht zu. Keiner kann sich Tag und Nacht unaufhörlich an Gott ausrichten. So sind wir alle nicht so wie ein Baum, der an den Wasserbächen gepflanzt ist. Unsere Wurzeln haben immer wieder Trockenphasen, Durstphasen, in denen wir nicht Wasser und Nährstoffe aus Gottes Wort und Willen ziehen.

Hilf meinem Unglauben

In der Erzählung (Markus 9,14-29), aus der die Jahreslosung für das Jahr 2020 stammt, ist ein verzweifelter Vater auf der Suche nach Heilung für seinen Sohn. Offenbar hat er schon viel erfolglos versucht. Nun will er zu Jesus, damit der seinen Sohn heilt. Aber Jesus ist nicht da. Die Jünger versuchen ihr Bestes, aber auch sie sind erfolglos. Andere, zum Beispiel Schriftgelehrte, mischen sich ein, sodass sich ein kräftiges Streitgespräch entwickelt. Als nun Jesus dazukommt, richtet sich alle Aufmerksamkeit auf ihn. Auch der Vater wendet sich nun an Jesus und gibt auf dessen Fragen bereitwillig Auskunft über Art und Dauer der Leiden seines Sohnes. Und er endet seine Schilderung mit der Bitte: „Hilf uns, wenn du kannst!"

Da klingt ganz viel Verzweiflung und auch Resignation mit. Vertrauen und feste Hoffnung sehen anders aus und klingen anders. Aber ich kann diesen Vater aus seiner leidvollen Geschichte heraus gut verstehen und nachvollziehen, warum er so hoffnungslos und resigniert ist. Zwar will er nichts unversucht lassen, aber durch viele Enttäuschungen geprägt, hat er eben keine wirkliche Hoffnung mehr. Er hat offenbar von Jesus einiges gehört, aber wie soll er wissen, dass ihm hier Gottes Sohn entgegentritt, als der Jesus sich in der vorhergehend erzählten Verklärung gerade seinen engsten Jüngern zu erkennen gegeben hat? Dieser Vater will nur nicht vorschnell aufgeben. Er will nichts unversucht lassen, glaubt aber nicht mehr an Heilung, vertraut Jesus nicht wirklich.

Aber auf dessen Rückfrage hin: *„Was heißt hier: ‚Wenn du kannst‘? Wer Gott vertraut, dem ist alles möglich"*, verändern sich der Glaube und die Hoffnung des Vaters. Er erkennt seine Wurzellosigkeit. Er spürt seinen Mangel an Vertrauen und Liebe zu Gott. Ihm wird deutlich, was ihm fehlt, und darum bekennt er und bittet: *„Ich glaube; hilf meinem Unglauben!"* Dieser Vater hat gemerkt, wie ihm bereits neue Kraft zuströmt, wie seine Wurzeln plötzlich wieder Wasser und Nährstoffe aufnehmen und neue Hoffnung und Vertrauen in ihm zu sprießen beginnen. In ihm ist Glaube gewachsen und der Unglaube zurückgedrängt worden. Und auch sein Sohn wurde von Jesus geheilt.

Kraft zum Neubeginn

Helles lichtes Gelbgrün bestimmt den ersten Eindruck des Bildes von Inge Heinicke-Baldauf zur Jahreslosung 2020. Man hat den Eindruck eines lichten Farbraumes. Das ganze Bild wirkt irgendwie strahlend in diesem Gelbgrün, obwohl sich sehr schnell eine dunkle Gestalt im linken Vordergrund abhebt. Da steht ein Baummensch aufrecht und sicher. Wir ahnen, wie seine Wurzeln sich nach unten recken und zum Wasser und den Nährstoffen ausstrecken. Aber wir erkennen auch das Hölzerne, das, was offenbar in einer Vegetationpause auf sich selbst zurückgeworfen wurde. Vor allem aber sehen wir die frischen Zweige, die aus diesem Baummenschen hervorgehen. Sie tragen frisches grünes Laub. Hier zeigt sich die Kraft des Neubeginns dieses Baummenschen.

Ich erkenne mich in diesem Baummenschen wieder. Ich weiß, dass ich, wie im ersten Psalm beschrieben, an den Wasserbächen gepflanzt sein sollte, dass ich aber nicht immer von ganzem Herzen, von ganzer Seele und mit aller Kraft Gott lieben und vertrauen kann. Leider werde ich immer wieder abgelenkt, sodass ich mich nicht auf Gottes Wort und Willen konzentriere und es nicht Tag und Nacht verinnerliche. Und so verholze und vertrockne ich an der einen oder anderen Stelle. Manchmal fühle ich mich wurzellos.

Aber immer wieder merke ich, dass da doch mehr ist. Immer wieder ruft Jesus mir in meine perspektivlose Hoffnungslosigkeit zu: *„Was heißt hier: ‚Wenn du kannst‘? Wer Gott vertraut, dem ist alles möglich."* Und dann spüre ich die

Veränderung, dann merke ich die Kraft für einen Neubeginn. Und so finde ich mich auch in den sprossenden Zweigen wieder, die zum Licht hinwachsen. Das ganze Bild strahlt mit seinem lichten Gelbgrün einen Hoffnungsraum aus. So möchte ich einstimmen in das Lied von Paul Gerhardt: *„Mach in mir deinem Geiste Raum, dass ich dir werd' ein guter Baum, und lass mich Wurzel treiben. Verleihe, dass zu deinem Ruhm ich deines Gartens schöne Blum und Pflanze möge bleiben, und Pflanze möge bleiben."* Oder ich möchte kürzer mit dem Vater aus der biblischen Erzählung und mit unserer Jahreslosung bekennend bitten: *„Ich glaube; hilf meinem Unglauben!"*

IN DER MISCHUNG AUS GLAUBEN UND UNGLAUBEN GOTT ENTDECKEN

Reiner Knieling

Glaube und Unglaube kommen selten in Reinform vor. Häufig mischen sie sich. Auch die Jahreslosung ist davon geprägt: *„Ich glaube, hilf meinem Unglauben!"* Da ist der Wunsch, Gott vertrauen zu können. Und die Entschiedenheit. Auf der anderen Seite gehören Zweifel und Skepsis dazu. Solche Mischungen erleben wir häufig.

Menschen glauben an Christus. Und dann mischen sich Zweifel dazwischen. Das gehört zu einem lebendigen Glauben. Gottvertrauen ist manchmal ziemlich angefochten. Oder Menschen glauben nicht ausdrücklich und haben doch eine Sehnsucht nach einer größeren Dimension, nach dem göttlichen Geheimnis.

Je nach Studie gehören zu dieser Gruppe 10–40 Prozent der Gesellschaft! Es gilt nicht für alle, aber für viele: Sie tragen Mischungen in sich. Aus Glauben und Unglauben und Zweifel. Der tschechische katholische Theologe Tomáš Halík bringt es so auf den Punkt: „Immer mehr Menschen unserer Zeit könnte man als ‚*simul fidelis et infidelis*' bezeichnen." Halík fügt hinzu: „Außer Glaube und Unglaube ist noch der Zweifel da, die Fähigkeit, an den allzu selbstsicheren Glauben sowie den allzu selbstsicheren Unglauben kritische Fragen zu stellen."[5] Was wir aus eigener Erfahrung kennen, wird durch Studien präzisiert. Im Folgenden stelle ich wenige Ergebnisse vor (1. und 2.). Wer eher an Beispielen und Erfahrungsberichten interessiert ist, kann direkt bei 3. weiterlesen.

1. Fließende Grenzen

Bevor wir zu den Mischungen bei einzelnen Menschen kommen, lassen Sie uns einen Blick auf die kirchliche und gesellschaftliche Landschaft werfen. Ich greife drei Beobachtungen aus den letzten *Kirchenmitgliedschaftsuntersuchungen* heraus:[6]

---

5   Halík, Tomáš: Den Unglauben umarmen, 1 (Vortrag bei der Tagung des Zentrums für Mission in der Region vom 22. bis 24. November 2016 im Augustinerkloster in Erfurt. Downlaod unter: http://www.zmir.de/jahrestagung-2016/ – eingesehen am 4.1.2017).
Vgl. auch ders.: Geduld mit Gott. Die Geschichte von Zachäus heute, Freiburg i. Br. u. a. [4]2011.

6   Vgl. Kirche in der Vielfalt der Lebensbezüge. Die vierte EKD-Erhebung über Kirchenmitgliedschaft, hg. v. Wolfgang Huber u. a., Gütersloh 2006, 101; Fremde Heimat Kirche. Die dritte EKD-Erhebung über Kirchenmitgliedschaft, hg. v. Klaus Engelhardt u. a., Gütersloh 1997, 411.
2012 wurden die Fragen etwas anders gestellt, weshalb kein direkter Vergleich möglich ist. Aber auch die fünfte Kirchenmitgliedschaftsuntersuchung bestätigt: Bei Kirchenmitgliedern und bei Konfessionslosen gibt es das gesamte Spektrum vom Glauben an einen Gott, der sich in Jesus Christus zu erkennen gegeben hat, bis zu „Ich glaube nicht, dass es einen Gott, irgendein höheres Wesen oder eine geistige Macht gibt" (Vernetzte Vielfalt. Kirche angesichts von Individualisierung und Säkularisierung. Die fünfte EKD-Erhebung über Kirchenmitgliedschaft, hg. v. Heinrich Bedford-Strohm u. a., Gütersloh 2015, 500).

(1) 7,5 Prozent der *Konfessionslosen im Westen* stimmen der Aussage zu: „Ich glaube, dass es einen Gott gibt, der sich in Jesus Christus zu erkennen gegeben hat." Noch einmal 8,9 Prozent sagen: „Ich glaube an Gott, obwohl ich immer wieder zweifle und unsicher werde." Das heißt: Bei den Konfessionslosen im Westen formulieren zusammen mehr als 16 Prozent ihren eigenen Gottesglauben, teilweise sogar im spezifisch christlichen Sinn. *Im Osten* sind es immerhin 7 Prozent.

(2) Umgekehrt glauben bei den *Evangelischen im Westen* zusammen 4,3 Prozent „weder an Gott noch an eine höhere Kraft" oder sind gar „überzeugt, dass es keinen Gott gibt". *Evangelische im Osten* kommen bei diesen Aussagen auf einen doppelt so hohen Wert: 9,6 Prozent. Der Anteil der Nicht-Glaubenden und derjenigen, die die Existenz Gottes bestreiten, ist bei Kirchenmitgliedern zwar nicht allzu groß, aber auch nicht einfach zu vernachlässigen.

(3) Ein erheblicher Teil der *Konfessionslosen und Kirchenmitglieder* glaubt „an eine höhere Kraft, aber nicht an einen Gott, wie ihn die Kirche beschreibt" (Evangelische im Osten: 18 Prozent; Evangelische im Westen: 26 Prozent; Konfessionslose im Osten: 17 Prozent; Konfessionslose im Westen: 43 Prozent). Es ist beachtlich, dass sich viele Konfessionslose und Kirchenmitglieder gemeinsam in diesem Mittelfeld bewegen.

Dies alles unterstreicht: Die Grenzen sind fließend. Es gibt innerhalb der Kirche nicht nur christlichen Glauben, sondern auch religiöse Suche und Unglauben. Und außerhalb der Kirche gibt es nicht nur Unglauben und religiöse Suche, sondern auch christlichen Glauben.

2. Blinder Fleck: Spirituelle Nomaden

Eine Studie in unserem Nachbarland fragt alle zehn Jahre nicht nach der Kirchenmitgliedschaft, sondern nach *Gott in den Niederlanden*. Interessant ist dabei eine Präzisierung zu dem eben beschriebenen „Mittelfeld". Es „kommt zunehmend eine Gruppe von Menschen in den Blick, die als ungebundene spirituelle Nomaden bezeichnet werden". „Diese Gruppe zeigt ein hohes Maß an spiritueller Kreativität bei gleichzeitiger Ablehnung einer konfessionellen Bindung."[7] Je nach Kriterien werden zwischen acht und 26 Prozent zu dieser Gruppe gerechnet. Eberhard Tiefensee, katholischer Theologe und Philosoph in Erfurt, beschrieb diese Gruppe 2018 im Blick auf den Osten Deutschlands: „[…] es sind alleine in Ostdeutschland über 40 Prozent der deklarierten Atheisten – also die sich selbst als Atheisten deklarieren –, die behaupten, sie wären gleichzeitig spirituell oder sogar religiös."[8] Eine Studie zum Religionsunterricht in Sachsen-Anhalt zeigt Ähnliches: „5,1 Prozent derer, mit denen als Kind nicht gebetet wurde, sagen, dass sie beten. 37 Prozent geben an, dass sie es ‚manchmal' tun."[9] Also insgesamt 42 Prozent.

---

7   Gärtner, Stefan: Ich sehe was, was du nicht siehst? Ein fremder Blick auf die KMU, in: PrTh 51/2016, 147-152, 148.

8   Überschrift zum Interview: Theologe zu atheistischer Spiritualität. „Spiritualität ist nicht nur im religiösen Kontext möglich" (https://www.deutschlandfunkkultur.de/theologe-zu-atheistischer-spiritualitaet-spiritualitaet-ist.1278.de.html?dram:article_id=422910 – eingesehen am 25.4.2019).

9   Domsgen, Michael: Fremdheit bereichert die Gemeinde. Konfessionslosigkeit als Herausforderung, in: DtPfrBl 116/2016, 16-19, 19. Ausführlich: Ders.; Lütze, Frank M., Schülerperspektiven im Religionsunterricht. Eine empirische Untersuchung in Sachsen-Anhalt, Leipzig 2010.

Das soll an Statistik genügen. Es ist offensichtlich: Die spirituelle Suche ist weit verbreitet. Viele Menschen wollen nicht mehr nur sich selbst und das, was die Vernunft erfassen kann, wahrnehmen. Sie haben Sehnsucht nach mehr, nach etwas Größerem, Höherem, Göttlichem.

In der kirchlichen Wahrnehmung spielt das allerdings häufig noch keine Rolle. „Engagement und Indifferenz" hieß die Erstveröffentlichung der letzten Kirchenmitgliedschaftsstudie. Und nur das wird gesehen: Engagement bei den einen und Indifferenz bei den anderen. Individuelle spirituelle Suchbewegungen werden nicht in den Blick genommen, weder innerhalb noch außerhalb der Kirche. Bei manchen ist das Programm. So sagt Gert Pickel, Religionssoziologe in Leipzig, in der genannten Studie: „Konfessionslose sind gleichgültige Religionslose und nicht religiöse Individualisten."[10] Das wird aber der Wirklichkeit nicht gerecht. Und wir erleben es immer wieder anders. Im Osten wie im Westen.

3. Gemeinsam beschenkt

Durch die Mischungen aus Glauben und Unglauben und Zweifeln und durch die spirituellen Suchbewegungen, die damit verbunden sind, werden wir beschenkt. Im Gemeindekolleg der VELKD (Neudietendorf bei Erfurt) bieten wir seit einigen Jahren Seminare an, die vom Dialog zwi-

---

10   In: Engagement und Indifferenz. Kirchenmitgliedschaft als soziale Praxis. V. EKD-Erhebung über Kirchenmitgliedschaft, 2014, 83.

schen Kirchenmitgliedern und Konfessionslosen geprägt sind. Es geht darum, die eigene Glaubenssprachfähigkeit im Dialog mit anderen zu vertiefen.

Mehrfach haben wir zum Thema Kreuz gearbeitet. Ein Beispiel: Wir haben mit Pfarrerinnen, Diakonen, Prädikantinnen und Theologiestudentinnen einen Predigtbaustein für eine Passionspredigt vorbereitet. Neben der inhaltlichen Auseinandersetzung war die persönliche Dimension wesentlich: Wo berührt das Geschehen mein Herz? Wie ist es mit meiner Sehnsucht nach Erlösung und Heil verbunden? Was berührt mich und was bleibt mir fremd? Wir haben in der Predigtvorbereitung bewusst zu einer persönlichen Stille eingeladen: Jesus, wie bist du mit deiner Kreuzeskraft unter uns gegenwärtig? Wo verbirgt sich deine Kraft? Wo finde ich dich? Wie stiftest du Erlösung?

Vier konfessionslose Gäste kamen am zweiten Tag dazu, Frauen und Männer zwischen 30 und 70 Jahren. Wir hatten sie als Fachberaterinnen und Fachberater eingeladen, und sie haben uns unmittelbares Feedback gegeben: Was ist angekommen? Was hat mich überzeugt? Was gar nicht? Das Feedback war hochqualifiziert, wertschätzend und gleichzeitig klar in der Kritik.

Aber das war am Ende gar nicht das Entscheidende. Wesentlich war ein gemeinsames Suchgespräch, das sich am Abend entwickelte: „Wie wird die Erlösungskraft, die im Kreuz steckt, von uns erfahren?" Auf einmal waren wir bei einer gemeinsamen Suche. Es war gar nicht mehr so wichtig, wer die Predigerinnen und Prediger waren und wer die Konfessionslosen. Erfahrungen wurden geteilt. Ehrlich und offen. Christliche und andere. Vertrauen war entstanden. Und es war, als ob in diesem schöpferischen Dialog Gott mit seiner erlösenden Kraft unter uns wirkte.

Ein Mann hatte Tränen in den Augen. Er erzählte, wie ihm seine zwei erwachsenen Söhne genommen wurden. Und wie das bis heute schmerzt. Er hat in dieser Gemeinschaft Raum für seinen Schmerz gefunden. Und hat ihn mit uns Christenmenschen geteilt – mit allen Zweifeln, die er hat. Für einen Moment hatten wir das Gefühl, angesichts dieses Schmerzes die heilende Anwesenheit Gottes zu spüren.

Ein anderer Gast sagte uns – neben allem, was ihm nicht einleuchtete –, worauf er neidisch ist: So eine Verbundenheit wie in der Kirche würde er in seinem Umfeld sonst nicht finden. Im Beruf nicht, in der Nachbarschaft nicht, in Vereinen nicht. Vielleicht in der Familie. Die Kirche habe eine besondere Form der Verbundenheit, weil sie auf etwas anderes, Höheres ausgerichtet sei. Dass es auch Konflikte in der Kirche gibt, war ihm sehr bewusst. Aber trotzdem, meinte er, gäbe es eine Verbundenheit über verschiedene inhaltliche Richtungen hinweg, die man so auch in der Politik nicht finden würde. Bei diesem Treffen fand er sich in einer Verbundenheit vor, die er sonst nicht kannte, und die ihn sehr angesprochen hat.

Eine Pfarrerin hatte sich angemeldet, weil die Karfreitagspredigt für sie immer die schwerste Predigt des Jahres ist. Und sie hat in den Tagen regelrecht mit dem Kreuz gerungen. Sie wollte ja gerne berührt werden und in der Begegnung mit Jesus Christus erfahren, dass etwas Neues geschieht, etwas Gutes. Sie hat dem Schmerz eine Stimme gegeben und ist damit in den Dialog mit Jesus gegangen.

Eine der Konfessionslosen reagierte darauf beeindruckt und unmittelbar: „Wow!" – Dass ihr Predigtstück eine solche Reaktion auslöste, konnte die Pfarrerin kaum fassen. Das sei ihr noch nie passiert.

Am Ende gingen wir auseinander mit dem Eindruck: Wir sind auf geheimnisvolle Weise beschenkt worden von Gott mitten unter uns. Das wirkt noch nach. In uns und unseren Gästen. Eine Konfessionslose erzählte später: „Mich hat nach unserer Begegnung eine ganze Weile Licht und Leichtigkeit erfüllt. Ich habe das noch einige Zeit gespürt, bis ins Zelluläre hinein."

Diese Wirkung hatten wir nicht geplant. Das hätten wir auch gar nicht planen können. Wir waren einfach neugierig. Auf die anderen, auf Gott, auf uns. Wir wollten von unseren Gästen etwas lernen. Wir wollten das, was wir predigen, selbst besser verstehen. Wir wollten neu lernen, was es bedeutet, dass Gott im Gekreuzigten und in unserem Schmerz gegenwärtig ist. Wir wollten in der Begegnung mit den Konfessionslosen Gott neu entdecken. Wie sich das zeigen würde, wussten wir nicht. Auch wenn wir das nächste Mal ein solches Seminar anbieten, werden wir es wieder nicht wissen. Weil Gottesbegegnungen überraschend bleiben.

Bei einem anderen Seminar mit Theologiestudierenden entwickelte sich zum Beispiel ein gemeinsames Suchgespräch zu der Frage: Wie passen die Größe und Allmacht Gottes und seine Gegenwart in Schmerz und Leid zusammen? Ausgelöst wurde diese Frage durch eine Muslima: „Dass euer Gott so viel Verständnis für alles hat, finde ich spannend. Aber ist er dann überhaupt noch Gott?"

In der Begegnung wird der eigene Glaube klarer. Für die

anderen und für uns selbst. Am Du zum Ich werden, hat es Martin Buber genannt. In der Begegnung erkennen wir unser Gottvertrauen genauer. Wir spüren, welche Kraft es hat, wo sich Zweifel dazwischenmischen, welche Fragen uns bewegen, wo unsere Gottessehnsucht unerfüllt ist usw. Das kann heute anders klingen als gestern. Und morgen kann es wieder anders sein. In der Begegnung spüren wir, wie sehr wir mit Gottes Anwesenheit hier und jetzt rechnen. Oder wir spüren, dass die Neugier auf die Gottesgegenwart in unserem täglichen Leben überlagert ist. In der Begegnung können die Augen und die Herzen für die Gottesgegenwart wieder aufgehen: für seine Präsenz in uns und in anderen Menschen. Und in den Resonanzen, die in der Begegnung entstehen. Das ist es ja, was uns alle verbindet: Häufig sind wir mit Mischungen aus Glauben und Unglauben und Zweifel erfüllt. Und wenn wir darüber ins Gespräch kommen und unsere Sehnsucht teilen, werden wir alle miteinander beschenkt. So jedenfalls erleben wir es immer wieder in den Begegnungen zwischen Kirchenmenschen und Konfessionslosen. Die Bibel ist ja voller Erzählungen davon, wie Gott in und zwischen uns gegenwärtig ist und wirkt. In Apostelgeschichte 10 wird erzählt, wie Petrus und Kornelius sich begegnen und beide beschenkt, belebt und korrigiert werden. Oft werden die Gotteserfahrungen an der Grenze und im Neuland gemacht, in der Begegnung mit anderen, mit Fremden, die keine Fremden bleiben.

Das erleben wir im Gespräch mit Menschen, die glauben und skeptisch sind, die zweifeln und Vertrauen wagen. Und die verschiedene Mischungen daraus in sich tragen. Wie wir. Wir erleben, wie Gott uns in all dem entgegenkommt. Das hält unsere Neugier wach. Und führt uns in immer neue Dialoge mit Menschen über ihre Mischungen und offenen Fragen. „*Wo* ist Gott?" Und: „*Wie* belebt Gottes Gegenwart unser Handeln in der Welt?"[11] Diese beiden Fragen in den Mittelpunkt zu stellen, das schlägt die amerikanische Religionswissenschaftlerin und Autorin Diana Butler Bass vor.

Wo und wie wir Gott finden und wie er uns belebt, davon erzählen Isabel Hartmann und ich in unserem neuen Buch: „Gott. Wie wir den Einen suchten und das Universum in uns fanden."[12] Die Erzählungen und Dialoge laden dazu ein, sich – im Bild gesprochen – dazuzusetzen, der eigenen Gottessehnsucht nachzuspüren und Gott im eigenen Leben zu entdecken. Dies geschieht in der Mischung von Glaube und Abstand und Fragen, die in uns leben. Die Mischung hält die Neugier wach. Und sie verhindert, dass wir irgendwann fertig sind mit Gott. Die Mischung hält die Neugier wach, wie Gott in dieser Welt und in uns Menschen gegenwärtig ist. Die Neugier auf das, womit er uns überraschen will und beschenkt. Die Neugier auf Gott als Lebensquelle und Heilsenergie und Versöhnungskraft.

„Ich glaube, hilf meinem Unglauben!" Die Jahreslosung lädt genau dazu ein: Die Aufmerksamkeit nicht zu sehr auf die eigene Mischung aus Glauben und Unglauben und Zweifel zu richten. Sondern auf Gott, der in jedem Moment neu gegenwärtig ist.

---

11   Butler Bass, Diana: Grounded. Finding God in the world. A spiritual revolution. New York 2015, 10, kursiv RK.
12   Hartmann, Isabel; Knieling, Reiner: Gott. Wie wir den einen suchten und das Universum in uns fanden, Gütersloh 2019.

IST DER GLAUBE AN GOTT UNVERNÜNFTIG?

Sven Macko

Hilf meinem Unglauben

In der Jahreslosung in Markus 9,24 lesen wir, wie ein Vater Jesus mit den Worten anruft: *„Ich glaube; hilf meinem Unglauben."* Er hofft, dass Jesus seinen Sohn heilt. In einem völlig anderen Zusammenhang dürfte dieser Ausruf gegenwärtig von manch einem bekennenden Christen stammen, der die Aussagen der Bibel durch das naturwissenschaftliche Weltbild infrage gestellt sieht.

Die Naturwissenschaft bringt uns stetig neue Errungenschaften. Sie ist in unserer heutigen aufgeklärten Zeit die Grundlage der Entscheidungsfindung in unserer Gesellschaft. Prägt sie doch die Physik, Chemie, Biologie, Medizin etc. und liefert uns begründete Antworten auf Fragen, wie zum Beispiel die Welt entstanden ist. So befinden wir Christen uns immer wieder im Zwiespalt, wenn Textpassagen der Bibel widersprüchlich zum aktuellen wissenschaftlichen Weltbild zu stehen scheinen. Die Wissenschaft, so wird verkündet, habe Gott längst widerlegt und jeder, der einigermaßen gebildet sei, müsse darum seine vorgeprägten Glaubensstrukturen ablegen. Glaube sei wie ein

Kindermärchen, wenn man erwachsen werde, wisse man, dass es einen Gott nicht geben könne.

Immer wieder wurden christliche Annahmen zur Schöpfung der Welt durch die Naturwissenschaft widerlegt. Kopernikus zeigte, dass sich die Erde nicht im Zentrum der Welt befindet, sondern dass die Planeten auf elliptischen Bahnen um die Sonne kreisen. Wir wissen heute, dass unser Sonnensystem eines von unzählbar vielen ist weit außen im Spiralarm unserer Galaxie, der Milchstraße, die selbst wiederum eine Galaxie von unzählbar vielen ist.

Darwins Evolutionstheorie zeigt uns, dass die Umwelt mit Tier und Mensch zwar auf wundersame Weise aufeinander abgestimmt erscheint, jedoch die Anpassung von Pflanzen und Tieren auf die Umwelt durch den stetig fortlaufenden Prozess von Mutation und Selektion geschieht. Gott als Gestalter sei hierfür nicht notwendig.

Selbst das Universum soll im Sinne einer kosmischen Evolution aus sich selbst heraus entstanden sein: durch eine „Quantenfluktuation", die den sogenannten Urknall – den Beginn von Raum und Zeit – vor ca. 13,7 Milliarden Jahren auslöste.

Die Neurowissenschaften versuchen heute darzulegen, dass unser Bewusstsein eine Illusion und unsere Persönlichkeit einzig in elektrischen Impulsen in Synapsen unseres Gehirns zu finden ist. Gedanken und Erinnerungen sind demnach bloße Mechanismen auf molekularer Ebene. Eine Seele gibt es demzufolge nicht.

Wie gehen wir Christen damit um? Führt eine konsequente wissenschaftliche Betrachtung der Welt zu einem streng materialistischen, atheistischen Weltbild? Bedeutet das andersherum, dass man als Christ seinen Verstand außen vor lassen muss, um weiter an Gott glauben zu können? Basiert die Wissenschaft auf experimentell überprüfbaren Fakten, während die Aussagen der Bibel auf blindem Glauben, Mythen und Wundern aufbauen?

Eine tiefere Auseinandersetzung mit dem Thema zeigt, dass es keine Standardantwort für auftretende Widersprüche zwischen Naturwissenschaft und biblischer Lehre gibt. Jede Fragestellung ist gesondert zu betrachten. Dennoch gibt es generelle Prinzipien, die vermeintliche Widersprüche aufzulösen vermögen und schlussendlich aufzeigen, dass Wissenschaft und Glaube komplementär sind. Sie ergänzen sich viel mehr, als dass sie in Konflikt miteinander stehen.

Wir können aus der Begegnung des Jüngers Thomas mit dem auferstandenen Jesus (Jh 20, 24–29) lernen, dass Thomas in seinen Zweifeln und mit seinen Fragen von Jesus ernst genommen wird. Jesus ignoriert nicht, dass Thomas erst seine Wundmale sehen und fühlen will, bevor er an die Auferstehung glauben kann. Jesus begegnet Thomas daraufhin persönlich und hält ihm seine Hände hin. Thomas kann prüfen und sich überzeugen, dass Jesus wahrlich vor ihm steht.

Diese Begebenheit sollte uns ermutigen: Wenn Jesus die Wahrheit ist, halten sein Wort und die Schrift einer Überprüfung stand. Wir sind auch mit unseren Zweifeln bei Jesus angenommen und dürfen diesen als Christen nachgehen.

Der Ursprung der modernen Naturwissenschaft

Das traditionelle Christentum geht davon aus, dass Gott in der natürlichen Ordnung der Welt erkennbar ist. Naturwissenschaft und Glaube gingen historisch gesehen Hand in Hand. In seinem Buch „Modern Physics and Ancient Faith" (Moderne Physik und altertümlicher Glaube) erläutert der Physiker Professor Stephen Barr stichhaltig, wie die moderne Naturwissenschaft aus dem christlichen Weltbild hervorgegangen ist.

Aus rein philosophischer Sicht ist es ein Mysterium, warum die Natur in der Sprache der Mathematik beschrieben werden kann. Es gibt keinen Grund, warum eine Welt, deren Entstehung rein auf Zufall beruht, rational verständlichen Gesetzmäßigkeiten folgen muss.

Wie kommt es, dass in der westlichen Welt die Idee von einem einheitlichen, geordneten und begreifbaren Universum aufkam? Dieser Gedanke kommt vom jüdisch-christlichen Glauben, der einen intelligenten Schöpfer und einen Gesetzgeber voraussetzt. Nicht bloßer Zufall, sondern Verstand und Vernunft stehen somit hinter allem, was wir erforschen. Wie schon C. S. Lewis feststellte, „fing der Mensch damit an, Wissenschaft zu betreiben, da er Gesetzmäßigkeiten in der Natur erwartete, und er erwartete Gesetzmäßigkeiten in der Natur, weil er an einen Gesetzgeber glaubte". Diese Auffassung vertritt schon das Johannesevangelium: *„Im Anfang war das Wort und das Wort war bei Gott und das Wort war Gott"* (Joh. 1,1). Dabei bedeutet der aus dem Griechischen stammende Begriff *logos* (meist übersetzt mit „das Wort") so viel wie „Gedanke" oder

„Vernunft". Als Christen erwarten wir, dass das Universum Gesetzmäßigkeiten eines göttlichen, intelligenten, rationalen Schöpfers gehorcht.

Das Alte Testament lehrt, dass der Mensch nach dem Bilde Gottes geschaffen ist. Im Schöpfungsbericht bekommt der Mensch die Aufgaben *„die lebenden Wesen zu benennen"* (1 Mose 2,19) und *„sich die Erde untertan zu machen"* (1 Mose 1,28). Dies impliziert, dass der Mensch die Welt verstehen und begreifen lernen soll, sie sich nutzbar macht und seine Umgebung gestaltet.

Den ersten konsequenten naturwissenschaftlichen Forschungen wurde im Mittelalter in Klöstern nachgegangen. Mönche erarbeiteten, bewahrten und teilten ihr Wissen. Dann begann die Kirche, Schulen zu gründen. Schließlich wurden in Europa erste Universitäten gegründet. Letztere waren der Kirche zwar verbunden, jedoch in ihrer Verwaltung unabhängig.

Als anschauliches Gegenbeispiel darf hier das antike China dienen. Trotz des Reichtums und der hoch entwickelten Kultur hat sich die moderne Naturwissenschaft dort nicht entwickelt. Es ging schlicht niemand davon aus, dass es Gesetzmäßigkeiten in der Natur gibt, die verstanden und beschrieben werden könnten. Das lag daran, dass der Glaube an ein göttliches Wesen mit einer höheren Vernunft, das sich Naturgesetze erdacht haben könnte, fehlte.

Es bleibt zu ergänzen, dass auch Wunder Bestandteil des christlichen Glaubens sind. Diese aber sind definiert als die Abweichung von der grundlegenden Ordnung der Naturgesetze. Wunder sind bemerkenswert, weil sie außergewöhnlich sind, indem für einen begrenzten Zeitraum die Naturgesetze durch göttliche Einwirkung überwunden oder aufgehoben werden. Deshalb sind Wunder durch die Naturwissenschaft gerade eben nicht erfassbar.

Ein Gott der Lücken?

Die Naturwissenschaft vermag noch längst nicht alle wissenschaftlichen Fragestellungen zu klären. Beispielsweise ist noch nicht geklärt, wie der Kosmos, das Leben, das Bewusstsein oder Information entstanden sind. Es gibt offenbar einige Lücken in der Erklärungskette. Nur zu gerne nehmen Christen solche Wissenslücken als Anlass, hier Gottes direktes wundersames Wirken als Erklärung heranzuziehen und Gottes Existenz so beweisen zu wollen. Das birgt jedoch manche Stolperfallen:

Bei dieser Herangehensweise muss der Betrachter zwischen Gott und der Naturwissenschaft wählen. Schafft es die Naturwissenschaft, diese Lücke auf streng materialistischem Wege ohne übernatürliches Eingreifen zu schließen, so muss zwangsweise mit jeder geschlossenen Lücke unser „Lückenbüßergott" kleiner werden. Atheisten argumentieren, dass auf diese Weise durch den wissenschaftlichen Fortschritt Gott als Erklärung überflüssig wird und es somit auch keinen Grund mehr gibt, an einen Gott zu glauben.

Historisch betrachtet, haben wir uns als Christen so manches Mal ohne notwendigen Grund zu vorschnell auf eine einzig gültige Interpretation des Bibeltexts festgelegt. Wenn Christen behaupten, dass die Bibel eine eindeutige, naturwissenschaftliche Aussage zur Beschaffenheit des Universums macht und diese Aussage dann glaubhaft widerlegt wird (zum Beispiel dass die Erde fest steht und die Sonne und die Planeten um die Erde kreisen), ist das problematisch. Skeptiker halten dann verständlicherweise nicht nur den Schöpfungsbericht für unwahr, sondern die gesamte biblische Botschaft.

Diese Schlussfolgerung herbeizuführen, ist aber aus christlicher Sicht fatal. Bereits der Kirchenvater Augustinus (354–430 n. Chr.) mahnte zur Vorsicht bei übereilten Schlüssen zu Bibelstellen, die mehrere Interpretationen zulassen. Die Christenheit sollte sich nicht in eine Lage bringen, in der ihre Glaubwürdigkeit mit einer bestimmten Bibelinterpretation steht und fällt, die für den Glauben gar nicht grundlegend ist. Für Augustinus hat die Bibel einen geistlichen Zweck, nämlich uns zu Gott zu führen. Sie hat nicht den kosmologischen Zweck, uns über die Natur des Universums aufzuklären. In erster Linie ist die Bibel also ein Buch, das Gott mit dem Menschen in Beziehung bringt. Es beschreibt Gottes Geschichte mit den Menschen.

Gott als Autor

Wie gelingt es nun, Glaube und Naturwissenschaft nicht gegeneinander auszuspielen? Eine hilfreiche und verbreitete Analogie vergleicht Gott als Schöpfer des Universums mit dem Autor eines Dramas. Das Theaterstück selbst hat eine Gliederung und einen zeitlichen Ablauf. Es gehorcht den festgelegten Rahmenbedingungen des Autors. Sofern es gut geschrieben ist, ist die Handlung schlüssig. Der Autor jedoch ist nicht unmittelbar Teil davon, denn er befindet sich außerhalb des Theaterstücks. Es macht zum Beispiel keinen Sinn zu fragen, ob Shakespeare als Autor sein Abendessen zeitlich vor Hamlet, dem Charakter seines Stücks, eingenommen hat. Dieser Vergleich ist hilfreich, weil er zeigt, dass hier zwei unterschiedliche Kausalitäten vorliegen. Im Theaterstück ist ein Ereignis die Ursache für das nächste. Beispielsweise ersticht Hamlet den Polonius, sodass dieser stirbt. Das bezeichnen wir als horizontale Kausalität.

Andererseits ist der Dramaturg Shakespeare die Ursache für den Inhalt des Theaterstücks. Das ist die vertikale Kausalität.

Je nach Perspektive sind Hamlet und Shakespeare beide die Ursache für den Tod des Polonius. Die beiden Kausalitäten stehen dabei nicht im Widerstreit miteinander.

Wer fragt: „Starb Polonius, weil ihn Hamlet erstach oder weil Shakespeare das Stück auf diese Weise verfasst hat?", kommt zum Schluss: beides. Beide Antworten sind richtig. Die vertikale und die horizontale Kausalität schließen sich nicht aus. Sie sind nicht Alternativen, sondern sie ergänzen sich – sie sind komplementär. Der Autor ist Ursprung und Ursache für das gesamte Stück, für jeden Charakter und jedes Ereignis. Das heißt, die vertikale Kausalität steht über der horizontalen Kausalität: Die Ereignisse im Theaterstück sind logisch und zeitlich verknüpft, der Autor jedoch sieht das Werk in seiner Gesamtheit und unterliegt nicht der inneren Kausalität des Stücks. Der Autor ist im Theaterstück selbst nicht beobachtbar, bei Betrachtung des Stücks können jedoch auf den Autor Rückschlüsse gezogen werden.

Gemäß dieser Analogie ist Gott der Autor bzw. der Schöpfer der Welt und damit die primäre Kausalität (lateinisch: *prima causa*). Gott ist der Urgrund allen Seins.

Wenn wir die Welt aus dieser Perspektive betrachten, sind wir nicht in Gefahr, einen „Gott der Lücken" zu vertreten. Gott ist der notwendige Urgrund allen Seins, der Ursprung dieser Welt mitsamt ihren Naturgesetzen. Sein Wort und sein Intellekt sind es, die das Universum und damit Materie, Zeit und Raum geschaffen haben.

Gott selbst ist ewig in dem Sinne, dass er außerhalb von unserer Vorstellung von Raum und Zeit steht, er ist davon unabhängig. Er sieht Vergangenheit, Gegenwart und Zukunft in der vollen Gesamtheit, und aus diesem Blickwinkel befand Gott seine Schöpfung für sehr gut.

Wo liegt nun der Konflikt?

Es liegt also nicht zwangsläufig ein Konflikt zwischen Naturwissenschaft und Glaube vor. Der eigentliche Konflikt liegt in zwei konkurrierenden Weltanschauungen:

Auf der einen Seite stehen das streng materialistische Weltbild und der damit einhergehende Atheismus. Diese gehen davon aus, dass unsere Welt ausschließlich aus Materie und Energie besteht. Materie und Energie sind dabei der Ursprung von allem, die *prima causa*.

Der berühmte und mittlerweile verstorbene Astrophysiker Steven Hawking formulierte es mit folgenden Worten:

„Weil es ein Gesetz wie das der Schwerkraft gibt, kann und wird sich ein Universum selber aus dem Nichts erschaffen." Dieser Weltanschauung nach stehen am Anfang die Naturgesetze und Energie. Größen wie Information und der Intellekt haben sich daraus entwickelt und leiten sich davon ab. Sie sind Ergebnisse von Zufall und Zeit.

Demgegenüber steht der Theismus oder spezieller der christliche Glaube. Diese gehen davon aus, dass Geist und Information der Ursprung sind: *„Im Anfang war das Wort, und das Wort war bei Gott, und Gott war das Wort"* (Jh 1,1). Aus Geist – also Gott – gingen Naturgesetze, Energie und Materie hervor.

Die Naturwissenschaft an sich hat die Aufgabe, die Natur objektiv zu beschreiben. Bezüglich der Weltanschauungen ist sie neutral, was man allein schon daran sieht, dass es sowohl theistische als auch atheistische Wissenschaftler gibt. Die Deutung der naturwissenschaftlichen Ergebnisse jedoch hängt vom Weltbild des Betrachters ab. Daraus ergeben sich zwangsweise Konflikte.

Wie können wir mit dieser neuen Sichtweise die anfänglich aufgeführten Beispiele einordnen?

Gott hat die horizontale Kausalität eingeführt und bedient sich natürlicher Kräfte wie der Gravitation, sodass sich Sterne und Planeten bilden. Er hat die Naturgesetze mit aufeinander abgestimmten Naturkonstanten geschaffen. So konnte ein komplexes Universum entstehen, in dem Leben möglich ist und das Leben hervorbringen kann.

Gott hat Mechanismen, wie zum Beispiel die Evolution, vorgesehen, damit sich Lebewesen an eine sich ständig ändernde Umwelt anpassen und sich weiterentwickeln können. Das Bewusstsein des Menschen ist im christlichen Glauben verknüpft mit der Seele. Diese Seele – der Atem Gottes in uns – ist immateriell. Während das Gehirn und der Verstand erforscht werden können, sind Seele oder Geist deshalb nicht naturwissenschaftlich beschreibbar. Dennoch gibt es Indizien, die auf wissenschaftstheoretischer Ebene darauf hinweisen, dass das Bewusstsein mehr ist als lediglich materielle Prozesse im Gehirn (für eine ausführliche Betrachtung sei auf das oben genannte Buch von Stephen Barr verwiesen).

Mit diesem Blickwinkel können Christen mit Atheisten auf Augenhöhe über naturwissenschaftliche Erkenntnisse und ihre jeweiligen Interpretationen diskutieren.

Gott ist Wahrheit

Auch, wenn wir die Bibel ernst nehmen wollen, sind wir als Christen nicht gedrängt, naturwissenschaftlich unhaltbare Thesen aufzustellen, um das Wort Gottes zu verteidigen. Vielmehr bietet die Bibel uns eine gute Grundlage für eine schlüssige Weltanschauung. Eine tiefere Beschäftigung mit dem Schöpfungsbericht führt zu grundsätzlichen Wahrheiten:

Gott ist der Ursprung der Welt, er hat uns erdacht und uns eine Bestimmung und Aufgabe gegeben. Er hat in seiner Genialität für uns Menschen einen auf uns abgestimmten, komplexen Lebensraum geschaffen. Nach seinem Bilde geschaffen, können wir diesen erschließen und uns nutzbar machen. Gott freut sich an seiner Schöpfung und wir dürfen über sein Werk in Ehrfurcht staunen.

Die Naturwissenschaft hilft uns, die Welt und Zusammenhänge, Mechanismen und Prozesse besser zu verstehen. Sie lehrt uns, Gesetzmäßigkeiten abzuleiten und uns diese nutzbar zu machen. An vielen Stellen lässt sie aber mehrere Deutungsmöglichkeiten zu. Welche davon einem plausibler erscheint, hängt sehr von der Weltanschauung der Person ab, die die Ergebnisse deutet.

Die Naturwissenschaft hilft uns, diese Welt besser zu verstehen und Wahrheit zu entdecken. Gott selbst ist die Wahrheit, somit lernen wir durch die Naturwissenschaft auch ihn besser zu verstehen.

STATIONEN AUF DEM WEG DER GLAUBENSENTWICKLUNG

Martina Walter

Unser Leben ist immer in Entwicklung. Was wir heute beschreiben können, ist nicht mehr und nicht weniger als eine Momentaufnahme. Gestern hatten wir einen etwas anderen Blick auf das Leben und auf uns selbst, und morgen werden wir auch ein wenig anders auf das Leben schauen, weil wir heute unseren Horizont erweitern und die Dinge verarbeiten, die uns begegnen.

Dies betrifft alle Bereiche unseres Lebens und natürlich auch unseren Glauben. Was also heißt das, wenn ein Mensch sagt: „Ich glaube", und was lässt ihn in Zweifel geraten („Hilf meinem Unglauben")? Zweifel können natürlich durch bestimmte Situationen und Lebensfragen entstehen. Es könnten aber auch ganz natürliche Entwicklungsschritte des Menschen sein.

Über die Entwicklung nachzudenken, hilft mir, mich selbst besser zu verstehen, aber auch mit anderen Menschen und unterschiedlichen Altersgruppen verständnisvoll umzugehen.

In der Entwicklungspsychologie beobachtet man „typische" Entwicklungsschritte, die ein Mensch im Laufe seines Lebens durchläuft. Zumeist werden sie in Phasen oder

Stufen eingeteilt, wohl wissend, dass diese Phasen nicht bei allen Menschen identisch sind oder gleich verlaufen. Dennoch helfen diese Einteilungen, um die persönliche Entwicklung etwas besser zu verstehen.

Entwicklung des Glaubens

Auch für das Themenfeld der individuellen Glaubensentwicklung gibt es mehrere Modelle. Dabei ist zu beachten, dass „Glaube" in einem sehr weiten Sinn verstanden wird. Es geht in erster Linie um ein religiöses Verständnis und nicht um eine persönliche Glaubensbeziehung zu Jesus Christus.

Besonders einflussreich sind hier die Arbeiten des amerikanischen Theologen und Psychologen James W. Fowler (geb. 1940). Sein Hauptwerk „Stages of Faith. The Psychology of Development and the Quest of Meaning" (1981) ist zu einem Klassiker der modernen Religionspsychologie geworden.[13]

Fowler betrachtet den Glauben als eine grundsätzliche Erfahrungsform des Menschen, die nicht unbedingt mit religiösem Inhalt gefüllt sein muss, sondern als Zentrum seiner Werte und Sinngebung im Leben zu verstehen ist. Jeder Mensch ist auf Sinn im Leben angewiesen und muss diesen Sinn erst finden oder ihn sich schaffen. In diesem

---

13   Deutscher Titel: J. W. Fowler: Stufen des Glaubens. Die Psychologie der menschlichen Entwicklung und die Suche nach dem Sinn. Gütersloher Verlagshaus, Gütersloh 1991.

Sinne besitzt nach Fowler jeder Mensch einen Glauben. Dabei unterscheidet er „zwischen Glauben (*faith*) als einem sinnstiftenden Vertrauen auf letzte Werte und dem Für-wahr-Halten (*belief*) von Auffassungen, wie sie in den Lehren der Religionen zu finden sind". Religion versteht Fowler als Ansammlung von Traditionen, in denen sich der Glaube der Vergangenheit niedergeschlagen hat. Religion kann Glauben anstoßen, sie besitzt als Überlieferung aber nicht die persönliche Qualität, die den Glauben ausmacht.[14]

Zum Wohlbefinden des Menschen gehört die Fähigkeit, im eigenen Leben einen Sinn zu finden. Glaube schließt eine Ausrichtung des Willens ein und eine Wahl des Herzens, und zwar in Übereinstimmung mit einer Auffassung transzendenten Wertes und transzendenter Macht. Das heißt, Glaube ist substanziell ein Vertrauen und eine loyale Bezogenheit auf einen mächtigen und sinngebenden anderen. Der Mensch sucht und lebt seinen Glauben. Dabei durchlebt er mehrere Phasen oder Stufen. Wichtig ist aber vor allem die Erkenntnis, dass jede Phase ihren eigenen Wert und ihre eigene Bedeutung hat. Jedes Lebensalter und jede Entwicklungsstufe hat ihr Recht auf Entfaltung.

Aus der Analyse seiner Interviews über den Glauben entwickelte Fowler ein Modell der Glaubensentwicklung in sechs Stufen. Diese Stufen bilden jeweils in sich geschlos-

---

14 Vgl. Friedrich Schweitzer: Lebensgeschichte und Religion. Religiöse Entwicklung und Erziehung im Kindes- und Jugendalter. Gütersloh, 4. Auflage 1999, S. 140.

sene Einheiten, die sich nach typischen entwicklungspsychologischen Konzepten wie der Logik des Denkens, der
Perspektivübernahme und des moralischen Urteils bilden
lassen. In Fowlers Modell ist ein Überspringen von Stufen
oder ein höherstufiger Quereinstieg nicht möglich. Es besteht vielmehr die innewohnende Gesetzmäßigkeit, jede
Stufe als Voraussetzung für die nächsthöhere durchlaufen
zu haben. Im Verlauf dieser Entwicklung wird der Glaube
zunehmend komplexer und umfassender. Dennoch erreichen nach Fowler nicht alle Menschen den höchstmög-
lichen Entwicklungsstand des Glaubens. Eine Fixierung
auf einer der früheren Stufen ist eher die Regel, und die
sechste und letzte Stufe „reserviert" Fowler für den Glau-
bensstand von Persönlichkeiten wie Gandhi oder Mutter
Teresa.

Stufe 1: Intuitiv-projektiver Glaube

In dieser Stufe, die nach Fowler für das Kind im Alter von
drei bis sieben Jahren am häufigsten anzutreffen ist, trauen
Kinder Gott alles zu und zweifeln nicht daran, dass er hilft.
Der Glaube wird von Intuitionen und Fantasievorstellun-
gen dominiert. Das Kind projiziert Wünsche und Emotionen auf Symbolgestalten. Die Vorstellungskraft, die noch
nicht von den Gesetzen der Logik bestimmt wird, sieht
Fowler als große Stärke in dieser Phase. Wundergeschich-
ten sind für Vorschulkinder überhaupt nicht spektakulär.
Sie entsprechen ihrem Denken. Wenn Jesus Gottes Sohn
ist, dann kann er selbstverständlich auch Wunder tun. Die
Geschichten der Bibel sind wahr und Jesus ist ein guter
Freund. Kinder leben in den Geschichten, die sie hören,

und unterscheiden dabei nicht zwischen Realität und Fantasie. Dabei werfen sie auch schon einmal biblische Erzählungen und Märchen oder erfundene Geschichten in einen gemeinsamen „Topf". Wer Gott ist und wie er handelt, verstehen sie dann am besten, wenn man ihnen Geschichten von Gott und seinem Handeln erzählt. Hier kann es jedoch auch schon zu ersten Spannungen zwischen Gottvertrauen und Misstrauen, zwischen Wunscherfüllung und Enttäuschung kommen. Vorschulkinder verstehen zudem einfache Symbole, Haltungen und Gesten von Erwachsenen. Kinder glauben, weil Mutter, Vater, Großeltern oder andere Bezugspersonen es tun. Vieles entsteht und lebt in dieser frühen Phase schlicht von Beobachtung und Nachahmung. Vor dem Hintergrund eigener Wünsche und Interessen werden individuelle Erfahrungen und diejenigen der anderen interpretiert. Gott belohnt und bestraft uns nach unseren Handlungen, das heißt, Gott kann beschützend und freundlich sein, aber auch bedrohlich und strafend. Das Gottesverständnis ist geprägt von der Haltung: Wie du mir, so ich dir, das bedeutet, Gottes Liebe muss man sich verdienen.

Stufe 2: Mythisch-wörtlicher Glaube
In dieser Stufe werden Mythen, Geschichten und Symbole, die dem Kind oder Jugendlichen angeboten werden, eine besondere Bedeutung zugemessen. Sie sind Hilfen, um sich in der Welt orientieren zu können. Mythen und Geschichten werden dabei oft wortwörtlich verstanden. Das ist auch der Grund dafür, warum der Mensch in dieser Stufe zur Vermenschlichung Gottes neigt. Das

wörtliche Verstehen symbolischer Texte führt dazu, dass Gott ganz wie ein menschliches Wesen aufgefasst wird. Fowler fand diese Stufe hauptsächlich unter Grundschulkinder, aber manchmal auch bei Jugendlichen und Erwachsenen.

Stufe 3: Synthetisch-konventioneller Glaube

In der mittleren Kindheit beginnen die Kinder und Jugendlichen, ein zunehmend größeres Interesse an Hintergrundinformationen zu biblischen Geschichten zu zeigen. Der Wissensdurst und der Bedarf nach Fakten steigen. Hier geht es dann nicht nur darum, Geschichten zu erzählen, sondern auch zu reden und zu diskutieren, damit die Kinder früh lernen, ihren Glauben auch zu denken. Sie müssen merken, dass unsere Erzählungen nicht nur märchenhafte, spannende Geschichten sind, sondern Wirklichkeit mit einer hohen Relevanz für den Alltag heute. Inzwischen sind sie mehr und mehr in der Lage, abstrakte Begriffe zu verstehen bzw. der Erklärung eines abstrakten Begriffs zu folgen. Eine Vergeistigung des Gottesbildes bahnt sich jetzt an, das heißt, die vermenschlichten (anthropomorphen) Gottesvorstellungen (beispielsweise eines alten Opas mit langem weißem Bart) treten zurück und werden von abstrakten Symbolen abgelöst (Gott ist Geist).

Nun beginnt häufig auch eine Phase des Hinterfragens, „ob das alles wirklich wahr ist". Die biblischen Geschichten werden an der eigenen Erfahrungswelt und dem Wissensstand der Kinder gemessen. In der Auseinandersetzung mit Gleichaltrigen kommen die Kinder und Jugendlichen ins Fragen, ob es Gott tatsächlich gibt. Hinzu kommt die Fähigkeit, über das eigene Denken zu reflektieren.[15] Zudem kann der Jugendliche hypothetische Bilder seiner selbst, wie ihn andere sehen, entwerfen. Der junge Mensch wird also auf dieser Stufe fähig, Perspektiven anderer zu übernehmen. Da in dieser Phase gleichzeitig Vorbilder und Orientierungspersonen zunehmend außerhalb der Familie gesucht werden, haben Freunde und Gleichaltrige, aber auch andere Erwachsene, hier eine immer stärkere Bedeutung. Die Jugendlichen möchten dazugehören und orientieren sich in ihren Werten, Normen und Vorstellungen an ihrer Freundesgruppe. Der Heranwachsende orientiert sich an den Glaubensinhalten anderer, die er ohne kritische Stellungnahme übernimmt und zusammenstellt.

Zu den entwicklungspsychologischen Stufen kommt natürlich die Prägung durch das Elternhaus hinzu. Kinder aus Familien, die eine Gemeindeanbindung haben, wachsen mit christlichen Traditionen auf, die sie entweder übernehmen und zu ihren eigenen Überzeugungen machen oder aber mit zunehmender Selbstständigkeit ablehnen. Viele dieser Kinder haben ein gutes biblisches Grundwissen, kennen viele Geschichten und oft auch biblische Hintergründe. Dennoch haben sie nicht unbedingt schon verstanden, dass ein Leben mit Jesus über ihr „Kopfwissen" weit hinausgeht. Das heißt, dass wir in der Praxis der Jugendarbeit oft auf Jugendliche stoßen, die mitdiskutieren können, die die „richtige" geistliche Antwort und eventuell auch die richtige Bibelstelle schnell zur Hand haben.

---

15   Darauf hat zum Beispiel der Entwicklungspsychologe Jean Piaget hingewiesen.

Die Frage, ob Gott und Glaube zum „guten Ton" gehören oder ob der christliche Glaube bereits die eigene Herzenseinstellung betrifft, muss gestellt und mitgedacht werden.

Viele Kinder, die aus Familien ohne Gemeindehintergrund kommen, haben nur noch wenige oder überhaupt keine religiösen Grundkenntnisse mehr. Manche haben dafür aber verwirrende, unterschiedliche Meinungen, die sie von Erwachsenen oder über die Medien aufgenommen haben. Gleichzeitig wachsen die Kinder in einer pluralen, toleranten Gesellschaft auf und werden mit sehr unterschiedlichen Religionen und Glaubensansichten konfrontiert, vor der jede gleich richtig zu sein scheint und in die Beliebigkeit des Menschen gestellt ist.

Laut Fowler beginnt und entfaltet sich Stufe drei normalerweise im späten Kindheitsalter bzw. frühen Jugendalter, aber für viele Erwachsene wird sie ein dauerhafter Ort des Gleichgewichts.

Stufe 4: Individuierend-reflektierender Glaube

Jugendliche oder junge Erwachsene lehnen oft ab, was Ausdruck der Kindheit war, weil sie einen neuen Lebensabschnitt beginnen. Auf dem Weg zur Eigenständigkeit fragen sie sich: „Wer bin ich? Was passt zu mir? Was ist für mein Leben wichtig?" Manche Vorstellungen vom „lieben Gott" zerbrechen oder werden verabschiedet. Die Fähigkeit, Abstand von sich selbst zu nehmen, ermöglicht es, den bisherigen Glauben kritisch zu hinterfragen, um einen eigenen Standpunkt zu gewinnen. Hier kommt es oft zu einem Bruch mit den alten Traditionen und den „Glaubensresten" aus der Kindheit. Vieles muss noch einmal nachgedacht, kritisch beleuchtet und neu formuliert werden, damit der Glaube zu etwas Eigenem werden kann. Der Glaube verbindet sich mehr und mehr mit der eigenen Persönlichkeit. Der Mensch entdeckt die Möglichkeit, sein Leben selbst in die Hand zu nehmen. Jugendliche bauen dabei zu sich selbst und zu anderen Beziehungen auf. Sie sind dabei Suchende und vor allem in der Pubertät unsicher. Sie brauchen Erwachsene (das müssen nicht die Eltern sein), die ihnen verlässliche Begleiter sind und ihnen vorleben, wie es ist, in Beziehung zu Gott zu leben.

Im Jungen-Erwachsenenalter geht es darum, das eigene Leben zu entwickeln: Berufsausbildung, feste Beziehungen, Aufbau einer Familie ... Es geht um das Mündigwerden, und dies betrifft auch den Glauben. Der Glaube wird persönlich verantwortet und gestaltet. Für viele ist das Mitarbeiten und Mitgestalten in der Gemeinde nun von besonderer Bedeutung.

Der Übergang von Stufe drei zu Stufe vier ist besonders kritisch, denn bei diesem Übergang muss der ältere Jugendliche oder Erwachsene anfangen, die Verantwortung für die eigenen Bindungen, Lebensstile, Glaubensinhalte und Einstellungen selbst zu übernehmen. Es kann eine Zeit der Angst und einer gewissen Orientierungslosigkeit sein, da man ja getrennt ist von den konventionellen Verankerungen.

Stufe 5: Verbindender Glaube

Der Erwachsene relativiert seine eigene Position, erkennt andere Standpunkte an und sucht Gemeinsamkeiten auf der Grundlage von Toleranz. An die Stelle eines Entweder-oder-Denkens ist ein dialogisches Verständnis getreten. Die eigene Individualität bleibt erhalten, sie muss jetzt aber nicht mehr ständig gegen andere und gegen Traditionen verteidigt werden. „Alle (religiösen) Traditionen werden jedoch nur als relativ gültig und wahr angesehen: Sie werden als abhängig von der jeweils besonderen Erfahrung eines Menschen oder eines Volkes aufgefasst. Diesen Auffassungen von der relativen Wahrheit unterschiedlicher Traditionen liegen die verbindenden Fähigkeiten dieser Stufe zugrunde."[16]

Der Glaube gerät immer wieder auf den Prüfstand. Er wird sich beim Durchleben von Brüchen und Krisen auch verändern. Damit der Glaube mehr bleibt als eine Kindheits- und Jugenderinnerung, muss er mit dem Erwachsenwerden mitreifen. Dazu gehört kritisches Reflektieren. Glaube ist nicht mehr nur Erfahrungssache, sondern auch eine Sache des Verstandes und muss auch der kognitiven Reflexion standhalten. Erwachsenwerden heißt auch, die eigenen Wurzeln entdecken, die eigene Herkunft bejahen. Worte und Bilder aus der Kindheit oder aus der Jugend, eine Geschichte aus der Bibel, der Konfirmationsspruch, eine prägende Begegnung – sie können zu etwas Bleibendem werden, auf das ein Mensch immer wieder zurückkommt, manchmal erst nach langer Zeit.

Stufe 6: Universalisierender Glaube
Kennzeichnend für Stufe sechs ist, dass die Paradoxien von Stufe fünf überwunden sind – im Sinne absoluter Liebe

---

16   Vgl. Schweitzer, 1999, S. 150.

und Gerechtigkeit. Der Glaube umgreift das gesamte Sein und Dasein und als Symbol gilt dafür das allumfassende Reich Gottes. Diese Stufe soll als allgemeingültige Struktur alle inhaltlich bestimmten Traditionen und Religionen übergreifen.

Die Stufe sechs wird äußerst selten erreicht. Die Menschen, die am besten durch sie beschrieben werden, haben Glaubensformen hervorgebracht, in denen ihr lebendiges Gefühl eine letzte Umwelt allen Sein umfasst. Fowler schreibt dazu: „Die Vertreter des Glaubens der Stufe sechs, ob sie nun in der jüdischen, christlichen oder in anderen Traditionen stehen, verkörpern in radikaler Weise das Sich-Verlassen auf die Zukunft Gottes für alles Sein."

Als Repräsentanten dieser Stufe nennt Fowler herausragende Gestalten der Religionsgeschichte wie Martin Luther King, Mutter Teresa, Dietrich Bonhoeffer und andere.

GLAUBE UND DIE DUNKLEN SEITEN GOTTES

Ein Glaubensbericht

Birgit Götz

Ich glaube schon immer an Gott. Zumindest kann ich mich nicht daran erinnern, dass es jemals anders war. Von Geburt an war ich im Kindergottesdienst, dann in der Jungschar, dem Mädchenkreis, dem Posaunenchor und damit häufig im Gottesdienst. Als Kind schon habe ich bewusst Ja zu Gott gesagt, täglich in der Bibel gelesen, wurde Mitarbeiterin in der Kirchengemeinde, später Hauptamtliche im CVJM. In meiner Teeny-Zeit hatte ich immer mal wieder Zweifel daran, ob ich wirklich zu Gott gehöre, woher ich weiß, dass er mich wirklich liebt, und ob mein Name in das Buch des Lebens geschrieben ist. Auch in meiner Ausbildung an der Evangelistenschule Johanneum zweifelte ich, ob wir hier nicht alle einer Ideologie hinterherlaufen, die sich jemand vor Hunderten von Jahren ausgedacht hat. Aber das Erleben des Glaubens anderer und auch meine eigenen wahrhaften Begegnungen mit Gott haben diese Zweifel immer wieder ausgeräumt. Mein Glaube war fest. Ein bisschen naiv war er vielleicht auch, denn als Mitteleuropäerin aus gutem Elternhaus mit einer vernünftigen Schulausbildung und ein paar guten Freunden wird der Glaube ja nicht wirklich auf die Probe gestellt.

Das änderte sich, als ich mit 39 unheilbar an Krebs erkrankte. Und das, wo wir, nachdem wir sieben Jahren dafür gebetet und Menschen für diese Idee gewonnen hatten, erst drei Monate zuvor einen CVJM in unserem Dorf gegründet hatten, deren erste Vorsitzende ich war. Gott, was soll das? Hast du dich da nicht gründlich geirrt? Ich wurde operiert, die Wunde entzündete sich und wurde noch sieben weitere Male geöffnet, bis sie nach Monaten endlich verschlossen war. Als ich wieder stehen, gehen und sitzen konnte, besuchte ich den Gottesdienst. Aber nicht mehr den eher freieren Gottesdienst, in dem ich die letzten zehn Jahre zu Hause war, sondern den dörflichen, landeskirchlichen Gottesdienst. Das hatte mehrere Gründe: zum einen ist die Ansteckungsgefahr in einem vollen und engen Raum viel größer als in einer kalten Kirche mit 20 Besuchern, wo man sich nur freundlich zunickt. Zum anderen fiel es mir sehr schwer, die Lobpreislieder der freieren Gemeinde zu singen. Ich hatte nichts mehr zu loben und preisen. Ich war stinkig und sauer auf Gott, enttäuscht und auch verzweifelt. Diese Gefühle waren für mich besser in einem Choral von Paul Gerhardt aufgehoben, der mir durch selbst erlebten Krieg und Tod in der Familie aus der Seele sprach. Diese Lieder gingen tief, und ich war plötzlich empfindlich geworden für fromme Floskeln, die man – auch ich bisher – so schnell daherredet: „Gott wird dich heilen und dich retten, dass du deinen Fuß nicht an einen Stein stößt." Ach ja? Tut er das? Es fühlt sich gerade ganz anders an.

Die Entscheidung, wie ich sterben soll

Es folgten Monate wechselnder Gefühle: Ich rutschte als Letzte in eine Studie, im Rahmen derer man versuchte, mittels fremder Stammzellen die Krankheit zu besiegen. Aber nach ein paar Monaten stand fest: Es gibt keinen passenden Stammzellspender. Ich bin zu einzigartig. Nach weiteren Wochen und Untersuchungen gab es dann doch zwei Personen, die fast passten. Aber die Behandlung war sehr risikoreich. Ich sollte eine Entscheidung treffen: großes Risiko mit fremden Stammzellen und hoffentlich Heilung oder schnellem Tod oder kleines Risiko, dafür wahrscheinlich krank bleiben und erst in ein paar Jahren sterben. Ich hatte drei Monate Zeit, mich zu entscheiden, auf welche Weise ich sterben wollte. Diese Entscheidung hat mich fast verrückt gemacht. Was soll ich bloß tun? Schließlich führte mich der Weg zurück zu Gott, weil ich erkannte, dass ER mein Leben in seinen Händen hält, nicht ich, die Ärzte oder die Stammzellen. Das hat mich sehr entlastet. Und so vertraute ich Gott mein Leben ein weiteres Mal an, entschied mich gegen die Meinung der Ärzte für das kleine Risiko, weil ich davon ausging, dass Gott tut, was er will. Er kann mich heilen oder nicht, mit oder ohne fremde Stammzellen. Er ist über alle Statistiken und Wahrscheinlichkeitsrechnungen erhaben. Diese Erkenntnis hat mich so sehr befreit, dass nicht ich mein Leben in der Hand habe, sondern Gott. Das gab mir tiefen Frieden. Und Gott schenkte mir ganz unerwartet (vorübergehend) „Gesundheit" – bis heute.

Noch einmal Krebs

Drei Jahre später klagte mein Mann über Halsschmerzen und kam ganz unerwartet mit einer Krebsdiagnose nach Hause. WAAAS? Gott, das kann doch nicht dein Ernst sein! Wir waren doch schon mal dran. Was soll das, Gott? Wir hatten nicht wirklich viel Zeit, uns damit auseinanderzusetzen, denn der Tumor war ziemlich aggressiv. Wir schaffen das auch ein zweites Mal, redete ich uns ein. Warum sollte Gott das anders wollen? Das macht doch keinen Sinn. Wir sind beide sehr engagiert im CVJM, leiten mehrere Gruppen und sind Motor und Begleiter von einigen Menschen. Also: es wird schon klappen. Wenige Tage später stand die Operation an. Nach einer Woche schien das Schlimmste überstanden und mein Mann auf dem Weg der Besserung, als er auf dem Krankenhausflur kollabierte und völlig unerwartet verstarb.

Ungläubig stand ich an seinem Totenbett und kann es bis heute, 15 Monate später, noch immer nicht begreifen. Was hat sich Gott dabei bloß gedacht? War und ist meine Krankheit nicht schon schlimm genug? Warum hat er den Tod meines Mannes nicht verhindert? Ich bin sauer auf Gott, dass er nicht aufgepasst hat (so empfinde ich das) und meinen Mann sterben ließ. Ich kann Gott nicht verstehen. Mein Mann wurde hier noch gebraucht: als Vater, als Ehemann, als Nachbar, als Freund, als Evangelist. Was soll er jetzt schon im „Himmel"? Es fällt mir wieder richtig schwer, Gott noch zu vertrauen. Wie kann ich glauben, dass er mich unendlich liebt, wenn er mir und meinen Kindern so etwas zumutet?

Hat Gott mein Vertrauen missbraucht?

Ich lese nicht mehr täglich in der Bibel, denn meine Gedanken schwirren wild durch meinen Kopf, und ich kann
mich nicht auf das einlassen, was Gott mir heute durch
die Bibel sagen will. Ich halte keine Andachten mehr,
denn viele fromme Phrasen erscheinen mir zu oberfläch-
lich, ich will die Menschen aber auch nicht mit immer
demselben Thema und meinen Zweifeln belasten. Ich
bete nicht mehr für andere Menschen, sondern kreise
nur noch um mein eigenes Schicksal. Ich liege mit Gott
im Streit. Ich bin bockig, komme mir ein wenig pubertär
vor. Soll er doch den ersten Schritt auf mich zu machen!
Es fällt mir schwer, ihm zu glauben, ihm zu vertrauen,
denn es kommt mir so vor, als ob Gott mein Vertrauen
missbraucht hat. Aber was die Welt an Erklärungen und
Verarbeitungsstrategien anzubieten hat, kommt mir sehr
hohl und selbst gemacht vor. Weil ich nichts Besseres finde, halte ich trotz allem an Gott fest und besuche weiterhin die Gemeinde. „Ich glaube. Hilf meinem Unglauben!", bete ich.

Es gibt viele Menschen, die mich trösten möchten, indem sie Gottes Handeln erklären wollen: „Gott lädt dir
nur so viel auf, wie du tragen kannst!" Dankeschön, auf
diesen Kraftbeweis kann ich gern verzichten. „Alles hat
einen Sinn." Ich sehe keinen. „Gott macht alles gut." Darauf warte ich schon lange. Solche Sätze lassen sich leicht
sagen, wenn das Leben läuft. Aber nicht, wenn es in seinen
Grundfesten erschüttert ist. Ich ärgere mich über Aussagen wie diese, aber bin zugleich auch beschämt, weil mir

auffällt, dass ich in meinem Leben schon selbst oft solche Sätze gesagt hatte, ohne eine wirkliche Ahnung vom Leben zu haben.

Trotzdem an Gott festhalten

Neulich beim Einkaufen: Während die Kassiererin meine Waren scannt, beobachte ich ein vielleicht vierjähriges Mädchen, das mit seiner Oma hinter mir an der Kasse ansteht. Die Oma hält in der einen Hand den Geldbeutel, mit der anderen hält sie ihre Enkeltochter fest. Auf Augenhöhe des Kindes befinden sich viele Bonbonpackungen in unterschiedlichen Farben. Das Mädchen zeigt auf eine Packung und fragt: „Darf ich das haben?" „Nein." „Das?" „Nein." „Das?" „Nein." Und so geht sie mit ihrem kleinen Finger alle Bonbonpackungen durch. Die Oma bleibt bei ihrer Meinung. „Warum denn nicht? Du hast doch so viel Geld in deinem Geldbeutel!", fragt das Mädchen.

Wir sind wie dieses Mädchen, schießt es mir durch den Kopf. Wir sind die Kinder Gottes. Mit der einen Hand zeigen wir auf die vielen schönen Sachen, die wir unbedingt von ihm haben wollen. Wir wissen, dass er dazu alle Macht in seinen Händen hält. Mit der anderen halten wir uns an Gott fest. Der Vergleich hinkt natürlich ein wenig, wie alle Bilder, denn um Gesundheit, Versöhnung, Freundschaft und das tägliche Brot zu bitten, ist wohl nicht vergleichbar mit einem Bonbon, den man nicht wirklich braucht.

Ich spinne dieses Bild in Gedanken weiter und überlege mir, was wohl wäre, wenn neben dem Mädchen noch mehr Kinder stehen würden, die die Szene beobachten (und möglicherweise etwas altklug daherreden). Vielleicht sagt eines: „Deine Oma mag keine Bonbons, darum kauft sie sie dir nicht." Oder ein anderes: „Ihr habt doch im Einkaufswagen schon so viele Sachen, warum willst du dann noch Bonbons? Sei doch dankbar für das, was die Oma kauft." Oder ein drittes: „Deine Oma mag dich nicht, darum kauft sie dir keine Bonbons." Oder: „Du warst böse, darum bestraft sie dich, indem sie dir keine Bonbons kauft." Die Kinder philosophieren über die Gründe der Oma, warum sie die Bonbons nicht kauft. Aber ihre wahren Gründe werden sie nie erfahren, zumindest nicht so lange sie Kinder sind, eben weil sie Kinder sind.

Kinder können nicht wie Erwachsene denken. Sie verstehen nicht die biologischen und chemischen Vorgänge in unserem Körper, wenn wir ein Bonbon essen, und begreifen auch die wirtschaftliche Tragweite eines Einkaufes nicht, um hier im Bild zu bleiben. Das erwartet auch niemand. Kein Mensch. Aber den großen Gott wollen wir Kinder Gottes in seinem Handeln begreifen? Wir legen uns Theorien zurecht, warum er wann welches Gebet von welchen Menschen erhört, und begründen es mit besonderen Begabungen. Wir schließen von unserem Ergehen auf unser Tun und meinen verstanden zu haben, dass Gott darum dies oder jenes geschehen lässt, weil wir Menschen ihm eben nicht genug vertraut, nicht genug geglaubt, nicht richtig gehandelt haben.

Wir sind auf Erden noch solche Kinder Gottes und nicht Gott selbst. Darum werden wir ihn nie begreifen, weder warum er uns einmal Segen noch warum er uns ein anderes Mal seinen Nicht-Segen schenkt. Aber mehr als einmal bezeugt Gott, sowohl durch seine Zusagen in der Bibel als durch das persönliche Erleben, dass er uns an der Hand hält und nicht loslässt. Auch wenn wir den Griff lockern. Karl Rahner sagte treffend: „Glauben heißt: die Unbegreiflichkeit Gottes ein Leben lang aushalten." Und meine Freundin hat für mich das Johanneswort umgeändert: „Selig sind, die nicht fühlen, und doch glauben." Darum glaube ich trotzdem.

VON GLAUBE, UNGLAUBE UND NEUBEGINN

Meine Abkehr von Gott

Sara Carina Hofmann

Ich stand im Badezimmer und hatte diesen einen klaren Gedanken: „Was hält mich eigentlich davon ab, den Glauben an den Nagel zu hängen?" Nach längerem Abwägen blieb für mich nichts als die Angst, „verloren zu gehen". Nach meinem Tod in der Hölle zu landen statt im Himmel.

Bei diesem Gedanken fühlte ich mich an meine Kindheit zurückerinnert. Genauer gesagt an jenen Abend, an dem ich in meinem Bett lag. Ich konnte noch nicht lesen und schreiben und doch war mir wie ins Herz geschrieben: „Wenn ich nicht mit Jesus lebe, komme ich in die Hölle." Aus dieser Angst heraus entschied sich das Kindergartenmädchen Sara, zum Herrn Jesus gehören zu wollen.

Es ist schon eigenartig, dass ich gut 15 Jahre später wieder bei derselben Begründung landete. Denn in den Jahren dazwischen war so viel Gutes geschehen! Da fällt mir zuerst unsere damalige Jugendreferentin ein, die mich förderte und prägte. Sie verhalf mir dazu, Gott auch anders wahrzunehmen. Dann waren da einige Jugendkonferenzen in Aidlingen oder Jugendkreis-Wochenenden, die mich positiv prägten. Predigten, Gespräche und eigene

Erfahrungen mit Gott waren wichtige Bausteine, um Gott nach und nach mehr Vertrauen zu schenken.

Neben diesen Ereignissen gab es zwei weitere Einschnitte in meiner Jugendzeit, die Gott und mich miteinander verbanden. Der eine waren sechs Monate Schule und Leben in einer französischen Gastfamilie. Es war eine herausfordernde Zeit, in der ich mich des Öfteren schutzlos fühlte. Mit meinen 15 Jahren erlebte ich währenddessen Gott als meine Burg, in der ich mich geborgen fühlte. Ich floh zu ihm, wenn ich einsam und verzweifelt war. Er gab mir immer wieder Kraft, um durchzuhalten.

Der zweite besondere Einschnitt war mein Bundesfreiwilligendienst in Mecklenburg. Ich war für Kinder aus sozial schwachen Familien da und merkte, wie ich dabei an meine Grenzen stieß. Auch hierbei spürte ich, wie Gott mir immer wieder seine Augen und sein Herz gab, um diesen Kindern liebevoll zu begegnen.

Mein Glaube erstickt

Es gab also genug Sternstunden in meinem Kinder- und Jugendglauben. Doch ein Mensch prägte mich in meiner Kindheit besonders. Ich denke, dass er mein kritisches, angsteinflößendes Gottesbild am meisten erzeugt hat. Ich verbrachte viel Zeit mit ihm. Ich erinnere mich heute an viele Situationen, in denen er meiner Kinderseele tiefe Schnitte versetzte. Doch es war nicht nur er, der mein negatives Gottesbild verstärkte. Bei aller Dankbarkeit, die ich für meine geistliche Heimat verspüre, gab es doch auch schwierige Aussagen über Gott. Ich spürte viel Druck, wobei ich aber gleichzeitig weiß, dass andere dies nicht so empfanden. Sätze wie: „Gott liebt dich, *aber* jetzt liebe ihn auch und zeig ihm das", haben sich tief in mir eingebrannt. Natürlich liegt es auch immer an der eigenen Persönlichkeit, wie man solch einen Satz aufnimmt. Ich war schon immer ehrgeizig und leistungsorientiert. Da fielen solche Aussagen auf fruchtbaren Boden. Sie ließen mein Vertrauen zu Gott immer mehr ersticken. Ja, es gab viele Lichtblicke, von denen ich bereits berichtete, aber so richtig kerngesund hat sich das zwischen Gott und mir nie angefühlt.

Die schönste Zeit mit ihm war für mich während meines Bundesfreiwilligendienstes, ganz weit weg von meinem vertrauten Umfeld, mitten im ungewissen Abenteuer. Dort entschied ich mich nach einem Berufungserlebnis, den hauptamtlichen Verkündigungsdienst anzustreben. Meine Wahl fiel auf die Evangelistenschule Johanneum.

Im ersten Jahr war ein Gespräch mit meiner Lernkollegin aus dem dritten Kurs prägend. Sie sagte mir: „Stell Fragen ohne Ende. Trau dich, im Johanneum deine Fragen loszuwerden." Ich musste erst mal feststellen, dass ich erstaunlich wenig Fragen hatte. Ich war es nicht gewohnt, Gott Fragen zu stellen oder auch andere Christen zu fragen, wenn ich etwas nicht verstand. Bei vielem dachte ich fälschlicherweise, ich hätte es schon verstanden. Bei manch anderem hatte ich schon so hohe Barrikaden aufgebaut, dass Fragenpfeile abprallten und mich nicht wirklich umtrieben. Fragen stellten für mich in gewisser Weise eine Gefahr dar. Zu viele Fragen könnten dazu führen, dass meine Glaubenshöhle einstürzt. Das wollte ich nicht riskieren.

Und doch packten mich die Theologie, die Bücher, das Forschen und tieferes Durchdenken. Ich konnte es gar nicht verhindern, dass Fragen in mir aufkamen. Besonders im zweiten Jahr der Ausbildung stellte ich immer wieder Fragen. Ich sehe mich noch in der Bibliothek sitzen. Ich hatte gerade einen kritischen Text über die Auferstehung gelesen, von einem Theologen, der die leibliche Auferstehung leugnete. In mir kam ganz plötzlich die Frage auf: „Ja, wieso sollte er unrecht haben und ich dagegen im Recht sein? So dumm klingt das gar nicht, wie er da so argumentiert." Diese Frage wurde zum Zweifel. Ich konnte ihr nichts Frommes entgegensetzen. Dies war nur eine von vielen Situationen, in denen ich den Eindruck hatte, dass mein Glaube nur noch am seidenen Faden hängt. Ich fragte mich mehr und mehr, wieso ich eigentlich glaubte. Was mich dafür antrieb. Wieso ich mir diesen Stress eines Frömmigkeitskataloges antat.

Es war ein schleichender Prozess, bis ich dann am besagten Abend im Badezimmer stand. Da war nur noch dieser dünne Faden: die Angst, „verloren zu gehen". Das konnte es doch wohl nicht sein! Nein, dann wollte ich nicht mehr glauben. Ich verspürte keine Liebe zu dem, den ich Gott nannte. Alles fühlte sich so falsch an.

Meine Trennung von Gott

Ich fasste den Entschluss, meinem damaligen Freund die Trennungsgedanken gegenüber Gott zu erzählen. Als ich ihm mein Herz ausgeschüttet hatte, sagte er: „An so einen Gott glaubst du? Von *diesem* Gott kannst du dich ruhig trennen." Obwohl er selbst Christ war, ermutigte er mich, diesen konsequenten Schritt zu gehen.

Später fand ich heraus, dass ich an diesem Abend eine sogenannte Dekonversion vollzogen hatte. Ich machte Schluss mit Gott. Von dem Tag an verstummte das Gespräch mit ihm.

Es fiel mir zunächst nicht leicht. Ich dachte öfter daran, was geschehen würde, wenn ich jetzt sterben würde. Wo würde ich dann sein? Außerdem wusste ich, dass mein Freund eine Christin und keine Agnostikerin heiraten wollte. Mindestens genau so verrückt war, dass ich mich inmitten meiner theologischen Ausbildung befand. Wie sollte das weitergehen? Dennoch war für mich klar, dass ich nicht mehr zum Status quo zurückwollte.

Also suchte ich das Gespräch mit dem damaligen Direktor des Johanneums, Burkhard Weber. Ich wollte ihm mitteilen, dass ich das Johanneum verlassen müsse. Wie sollte ich weiterhin an Abendmahl, Gebet, Gottesdienst und Praktika teilnehmen?

Erst mal hörte er mir lange zu. Ich glaube, er sagte insgesamt nicht viel. Besonders einprägsam war dieser eine Satz. Nachdem ich ihm sagte, dass ich das Johanneum mit solch einer Glaubensauffassung doch unweigerlich verlassen müsse, entgegnete er mir: „Agnostiker sind im Johanneum am besten aufgehoben." Für ihn gab es keine Notwendigkeit, zur Tür zu zeigen. Er wirkte auf mich so gelassen und wollte mich nicht umstimmen oder Werbung für Gott machen. Ich fühlte mich sehr ernst genommen in meiner Entscheidung. Wir vereinbarten, dass ich teilweise aus den verbindlichen Strukturen heraustreten dürfe. So nahm ich künftig nicht mehr montags am Abendmahl und dienstags am Nachtgebet teil. Damit konnte ich recht gut leben. Meinen Mitschülern gab ich zu verstehen, dass ich keine Fürbitte bräuchte, mir ginge es sehr gut. So fühlte ich mich auch. Unglaublich erleichtert. Ich fühlte mich frei, der Druck fiel von mir ab. Endlich musste ich nicht mehr herauspressen, wofür ich dieses Mal beim Abendmahl um Vergebung bitten könnte. Da war nichts mehr von Schuldgefühlen zu spüren. Ich musste keinem Gott mehr Rechenschaft ablegen. Ich konnte endlich leben, wie *ich* es für richtig hielt. Das fühlte sich so gut an. Im Unterricht konnte ich mich vor kritischen Fragen kaum halten. Ich mochte die Rolle, die Mitschüler aus der Reserve zu locken und die unbequemen Fragen zu stellen.

Frei vom Glauben

Ich las „Warum ich nicht mehr glaube" von Tobias Faix und fand mich darin wieder. Wieder einmal war ich entsetzt, dass das Thema für mich früher gar nicht präsent war. Augenscheinlich war ich nicht die Einzige, der dieses Thema kaum bewusst war. Jedenfalls zeigte sich das an der dünnen Literaturauswahl zu dieser Thematik. Es kam mir wie ein Ausblenden dieser so bitteren Wirklichkeit vor.

Mein Freund Folker bekam das meiste am Wust meiner negativen Gefühle ab. Ich war wütend auf prägende Persönlichkeiten meiner Vergangenheit. Ich war sauer und empört über die Lebenspraxis von Christen. Ich fand viele der Glaubensgewohnheiten plötzlich so peinlich, die mich früher nie gestört hatten. Folker bekam viel von dem ab, was ihn gar nicht betraf. Für ihn war es keine leichte Zeit. Doch er blieb mir treu. Er war sogar so humorvoll, dass er mich zum Schulschwänzen anstachelte. Er sagte, ich müsse, wenn schon, dann *richtig* rebellieren. Auch unser Direktor sagte mir immer wieder, ich sei noch immer viel zu brav. „Wo bleibt denn die Rebellion?", fragte er mich mehrmals.

Neben der befreiten Selbstrechtfertigung und dem knallharten Hinterfragen des mir sonst so vertrauten Glaubens kam noch eine weitere Komponente hinzu. Ich prüfte die Glaubenspraxis der mich umgebenden Christinnen und Christen auf Herz und Nieren. Ich war zornig, dass so viel fürs Seelenheil investiert wurde. Evangelisation zuerst. Da erschienen Umwelt, Politik und Menschenrechte erst mal zweitrangig. Wie konnten sie nur so einseitig verblendet leben? Was war mit der Welt da draußen? Mit Frauen, die ihren Körper verkaufen müssen? Was mit der Umwelt, die wir nach und nach zerstören? Mit Tieren, die wirklich unwürdig gehalten werden, nur damit ich am Ende ein Schnitzel auf meinem Teller habe? Nein, das ging für mich nicht. Ich war fassungslos. Klar, heute sehe ich es differenzierter …

Schritte zurück zu Gott

Meine Rebellion zog sich über Monate hin. Ich wusste, das Freizeitpraktikum würde im Sommer kommen, im Herbst würde die Stellensuche beginnen. Ich wusste gar nicht, wie das alles werden würde. Ich konnte mir nicht vorstellen, die Ausbildung samt Anerkennungsjahr abzuschließen. Aber ich lebte weiter im Johanneumsalltag.

Ich erinnere mich an einen Abend mit meinem Kurs, an dem ich weicher wurde, als mir lieb war. Ein Kursbruder sang uns ein Lied über Jesus. Ich hatte es zuvor noch nie gehört. Ich musste die Tränen zurückhalten. Ich wollte natürlich nicht, dass meine Kursgeschwister denken, jetzt hätte mich Jesus wieder zurückgewonnen. Als ich dann aber in meinem Zimmer war, hörte ich mir das Lied noch einmal an. Ich ging auf meine Knie und weinte. Die Liedzeilen berührten mich. Ein Schritt. Aber es war noch lange nicht wieder alles gut.

Wenige Monate später war ich (natürlich unfreiwillig) bei einem Evangelistenkongress. Ausgerechnet eine umstrittene Predigt sprach mich an. Sie gab mir den Anlass, Jesus zum ersten Mal nach sieben Monaten wieder anzusprechen. Ich sagte einfach nur „Jesus" und es überwältigte mich. Wieder ein Schritt.

Am nächsten Tag sollten wir Gebetspartnerschaften für die Evangelisationswoche bilden. Ich blieb sitzen, denn ich wusste ja, dass ich nicht für jemanden beten könne. Da tippte mich ein Freund von hinten an. Er wusste von meiner Dekonversion. Ich sagte ihm, dass ich nicht für ihn beten würde. Er sagte, das wäre ihm egal. Ich war tief bewegt, weil ich spürte, dass es ihm um mich ging. Er fragte mich, ob er trotzdem jetzt gleich für mich beten dürfe. Ich nickte. Es war ein Gebet mit Durchschlagskraft. Meine Bollwerke stürzten ein. Ich konnte danach sogar für ihn beten. Ich nahm den Faden wieder auf, den Gott mir hinstreckte. Dünn war er und zaghaft ergriff ich ihn, aber er war wieder da.

Das Gute an meiner Krise

Es dauerte mehrere Monate, bis ich mich wieder „aufgepäppelt" hatte. Ich wollte allerdings auch ganz bewusst gute Erkenntnisse aus dieser Zeit bewahren. Ich wollte nicht zurück zu meinem alten Glauben. Ich wusste, dass ich eine wichtige Schule durchlaufen hatte. Ich spürte, dass mein Glaube durch einen Reifeprozess gegangen war, obwohl ich über sieben Monate nicht mehr geglaubt hatte.

Noch längere Zeit danach wünschte ich jedem Christen solch eine tiefe Krise. Heute ist mir aber auch klar, dass nicht jeder Mensch solch einen klaren Schnitt ziehen würde wie ich. Mit Gott Schluss zu machen, ist vielleicht nicht jedermanns Sache. Das ist sicher manchen zu radikal. Aber jeder Glaubende sollte sich seinen kritischen Fragen stellen. Jede Christin und jeder Christ sollte zumindest einmal versuchen, die Außenperspektive wahrzunehmen und den „christlichen Zirkus" als Zuschauer zu beobachten. Die wirklich heiklen Fragen zu stellen, halte ich für essenziell. Möge es dann Begleiterinnen und Begleiter geben, die daraufhin nicht in Panik verfallen, sondern die Anfragen ernst nehmen und sich ihrer annehmen.

Ich konnte im Nachhinein Herrn Weber nicht mehr dazu befragen, warum er so gelassen mit meiner Dekonversion umging. Aber ich vermute, dass er Gott selbst ans Werk ließ. Gott hat sich seinen Weg zu mir gebahnt, obwohl ich Bollwerke dagegen aufstellte. Ich bin noch immer dankbar für diese Monate des Unglaubens, sie haben meinem Glauben die notwendige Tiefe verschafft.

ZUM GLAUBEN EINLADEN UND ERLEBEN, WIE GOTT ZU HERZEN GEHT

Eine überraschende Begegnung

Klaus Göttler

Sie passten irgendwie nicht so richtig ins Bild. Man würde sie eher auf dem Laufsteg einer Modenschau erwarten als im Garten Gethsemane. Doch genau dort standen die beiden jungen Österreicherinnen und wirkten etwas ratlos. Da sie merkten, dass wir in unserer kleinen Gruppe deutsch redeten, kamen sie auf uns zu und sprachen uns an: „Entschuldigung. Könnt ihr uns sagen, wo wir hier sind? Wir haben keine Ahnung, was das für ein Ort ist." Die beiden waren Make-up-Artists, wie sich herausstellte, und nur zum Erholungsurlaub in Tel Aviv. Dort sagte ihnen jemand, dass Jerusalem auch ganz schön sei, und so waren sie etwas überfordert mit dem, was sie da antrafen.

Ich lud sie ein, mit uns zu kommen, um zu erfahren, was sich an diesen Orten zugetragen hat, und die beiden schlossen sich uns gerne an. Sie erfuhren von der Leidensgeschichte Jesu und dem inneren Kampf, den er im Garten Gethsemane ausgetragen hat. Gemeinsam gingen wir auf den Ölberg und als wir an der Tränenkapelle standen und ich aus Lukas 19 las, wie Jesus um Jerusalem weinte, da sagte eine der beiden jungen Frauen plötzlich: „Ich weiß gar nicht, was mit mir passiert. Diese Geschichte rührt mich so an. Ich habe noch nie in der Bibel gelesen. Aber wenn ich nach Hause komme, muss ich mir unbedingt eine Bibel kaufen." Kurz darauf trennten sich unsere Wege wieder.

Wenn Gott zu Herzen geht

Diese kleine Begegnung war für mich eine Ermutigung, wie Jesus Menschen zu Herzen geht. Um nichts anderes geht es, wenn wir Menschen in der Evangelisation oder in persönlichen Gesprächen zum Glauben einladen. Wir erzählen von Jesus Christus und dem, was er in dieser Welt getan hat und heute noch tut. Wir erzählen die Geschichten der Bibel und wir erzählen die Geschichten unseres Lebens, in dem Jesus präsent ist und wirkt. Wir bezeugen den dreieinigen Gott, wie er sich in Jesus begreifbar gemacht hat.

Natürlich haben Glauben und Unglauben auch etwas mit Wissen oder eben einem Wissensdefizit zu tun. Glaube braucht Gründe und die liefert uns die Bibel und die darauf gründende Theologie. Aber alleine durch Wissensvermittlung und Bildung kommt ein Mensch nicht zum Glauben. Denn Glaube bedeutet Vertrauen. Es ist eine Herzensangelegenheit. Jesus Christus geht zu Herzen. Und damit spricht er das innerste Zentrum unseres Lebens an. Die Schaltzentrale für Kopf, Handeln und unsere Emotionen.

In der Evangelisation sprechen wir die unterschiedlichen Ebenen an: Wir vermitteln Wissen. Wir argumentieren und nehmen Anfragen, Zweifel und Gegenargumente ernst. Wir machen deutlich, dass der christliche Glaube stets den Weg in Hände und Beine sucht. Es geht immer darum, Jesus Christus ernst zu nehmen und ihm nachzufolgen. Das setzt Vertrauen voraus und ist deshalb eine Herzenssache.

Manche tun sich leichter damit, weil sie gute Erfahrungen mit Christen gesammelt haben und das Thema „Gott" für sie positiv belegt ist. Andere müssen sich erst durch eine dicke Schicht aus Enttäuschungen und missbrauchtem Vertrauen kämpfen. So oder so bleibt es für jeden Menschen eine große Herausforderung, sein Vertrauen in Jesus zu investieren und konkrete Schritte mit ihm zu gehen. Und dieses Vertrauen fällt uns bekanntlich leichter, wenn wir Menschen erleben, die es bereits gewagt haben und von guten Erfahrungen berichten können. Es ist besonders nützlich und eindrücklich, wenn Menschen erzählen, wie ihr eigener Unglaube dem Glauben gewichen ist. Und es ist hilfreich, Menschen zu erleben, die auch davon berichten können, wie Glaube und Zweifel ihnen in ihrem Leben als permanentes Spannungsfeld begegnen und wie sie mit dieser Spannung umgehen. Selten wird es so sein, dass uns Menschen gegenüberstehen, die als Glaubenshelden in die Geschichte eingehen. Eher wird es so sein, dass Menschen zaghaft sagen: „Ich glaube, hilf meinem Unglauben." Damit bringen wir unseren tiefsten Herzenswunsch zum Ausdruck und gleichzeitig unser Unvermögen. Wir bleiben im Glauben angewiesen auf die Hilfe und Kraft Gottes. Wenn Glaube unsere eigene Entscheidung bleibt, auf die wir bauen, ist er ein wackeliges Fundament. Unser Glaube ist nicht einfach eine Willensbekundung, sondern ganz besonders die Einsicht, dass ich aus eigener Kraft gar nicht glauben kann. Ich bin darauf angewiesen, dass Gott mir Glauben schenkt und mich mit dem Vertrauen ausstattet, dass der Glaube in die Beine geht und mich verändert. In diesem Vertrauen wage ich Schritte mit Jesus.

Der lange Weg zum Glauben

„Ich glaube" – Es ist oft ein weiter Weg, bis ein Mensch diese Aussage treffen kann. Ich vertraue mich Jesus Christus an. Das ist ein gewagter Schritt, der nicht allzu leichtfertig getan werden sollte. Deshalb ist es mir wichtig, dass in evangelistischen Veranstaltungen eine Atmosphäre der Freiheit besteht. So wichtig evangelistische Veranstaltungen im Gemeindealltag sind, so unterschiedlich ist die Wirkung, die sie erzielen. Für manche ist eine solche Veranstaltung ein erster Schritt, um sich mit Gott zu befassen. Für andere ist es der Funke, der ihren Glauben entfacht und ihnen Klarheit schenkt. Und alles ist wichtig. Wir müssen nicht entscheiden, wann sich eine Evangelisation „gelohnt" hat. Wir haben nur die Aufgabe, Menschen zu ermutigen, sich mit Jesus zu befassen und ihn mit Worten und Taten zu bezeugen. Wir laden Menschen zum Glauben ein und bieten ihnen damit eine Gelegenheit, die Weichen in ihrem Leben neu zu stellen. Wir überbringen die Einladung des Gottes, der sich nach jedem Menschen sehnt. Wir weisen hin auf den Gott, der Glauben schenkt und unserem Unglauben auf die Sprünge hilft.

Die schönste Sache der Welt

Als Evangelist ist es für mich die schönste Erfahrung, dass ich Menschen zum Glauben an Jesus Christus einladen kann und dann oft erlebe, wie Gott Menschen ins Herz spricht und ihnen die Augen öffnet für sich und sein Reich. Dabei wirkt Gott ganz unterschiedlich. Die Geschichte der beiden jungen Frauen im Garten Gethsemane ist nur eine davon.

Ich erinnere mich an den Hooligan, der nach einem evangelistischen Abend zu mir kam und mir mit feuchten Augen sagte: „Ich habe heute das erste Mal in meinem Leben geweint." Er hat mir seine Lebensgeschichte erzählt, die von Beginn an von Gewalt gezeichnet war. An diesem Abend hat Gott sein Herz berührt und ihn angesprochen, wie er es bis dahin noch nie erlebt hat.

Ein anderer Mann kam ebenfalls nach einer Abendveranstaltung zu mir und sagte mir: „Du bist schuld!" Ich war etwas irritiert und fragte nach, woran ich denn schuld sei. „Du bist schuld, dass ich jetzt Menschen vergeben muss ..." Es war offensichtlich seine etwas eigene herzliche Art zu sagen, dass Gott ihm klargemacht hat, dass sich in seinem Leben etwas ändern muss. Andere, die von dieser Geschichte erfuhren, waren erstaunt, denn der Mann war wohl bekannt dafür, dass er mit vielen Leuten im Streit lag.

Was gibt es Schöneres, als Gott live bei der Arbeit zu erleben. Und dabei ist es wichtig und entlastend zu wissen: Ich entfache keinen Glauben. Ich werde niemanden zum Glauben bringen. Das kann niemand als Gott höchst-

persönlich. Aber ich kann Menschen einladen und beten
– „Herr, hilf ihrem Unglauben und führe sie zum Glauben
an dich!"

WIE DIETRICH BONHOEFFER GLAUBEN LERNTE

Hans-Jürgen Abromeit

Am Tag nach dem Attentat auf Adolf Hitler vom 20. Juli 1944, das von einer Widerstandsgruppe vorbereitet worden war, zu deren weiterem Umfeld auch Dietrich Bonhoeffer[17] gehörte, schreibt dieser aus dem Wehrmachtsuntersuchungsgefängnis in Berlin-Tegel: *„Ich erinnere mich eines Gespräches, das ich vor 13 Jahren in Amerika mit einem französischen jungen Pfarrer[18] hatte. Wir hatten uns ganz einfach die Frage gestellt, was wir mit unserem Leben eigentlich wollten. Da sagte er: ich möchte ein Heiliger werden (– und ich halte es für möglich, daß er es geworden ist –); das beeindruckte mich damals sehr. Trotzdem widersprach ich ihm und sagte ungefähr: ich möchte glauben lernen.“*[19] Es ist durchaus nicht so, als ob Bonhoeffer vor dem Jahr 1931, worauf sich seine

---

17   Bonhoeffers gelebte und gelehrte Lehre von Christus habe ich ausführlich dargestellt in: H.-J. Abromeit, Das Geheimnis Christi. Dietrich Bonhoeffers erfahrungsbezogene Christologie (NBST 8), Neukirchen-Vluyn 1991.

18   Es handelt sich um Jean Lasserre, einen Pazifisten, vgl. E. Bethge, Dietrich Bonhoeffer, Theologe – Christ – Zeitgenosse, 4. Aufl., München 1978, 188–191.450–454.

19   D. Bonhoeffer, Widerstand und Ergebung. Briefe und Aufzeichnungen aus der Haft (DBW VIII, hg. v. C. Gremmels u.a.), Gütersloh 1998, 541 f.

Erinnerung bezieht, nicht geglaubt hätte. Vielmehr wurde er als Kind getauft und dann christlich erzogen. Seine Konfirmation erlebte er bewusst als eine Vergewisserung im Glauben. Früh wurde ihm klar, dass er Theologie studieren wollte. Schon mit 21 Jahren promovierte er und legte sein Erstes Theologisches Examen ab. Mit 24 Jahren habilitierte sich Bonhoeffer und erlangte so die sogenannte *Venia legendi*, also das Recht, selbst Vorlesungen zu halten. Trotzdem hatte er den Eindruck, Glauben sei noch mehr und anders, als er ihn bis dahin praktiziert hatte. Als er dann während eines Studienaufenthaltes 1930 in New York Jean Lasserre trifft, nennt er als Ziel seines Lebens, glauben zu lernen.

Er glaubt, aber er glaubt auch wieder nicht. In gewisser Weise illustriert der Lebenslauf Dietrich Bonhoeffers die innere Spannung, die sich in dem Bibelwort: *„Ich glaube, hilf meinem Unglauben!"* (Markus 9, 24) ausdrückt. Er wuchs im Glauben auf, aber die Lebenshaltung, total auf Gott zu vertrauen, sich völlig in seine Arme fallen zu lassen und alles auf diese eine Karte zu setzen, war zunächst nicht seine.

Dazu war ein Wandel nötig. Aus einer Frömmigkeit, die sich auf Gottes Vaterliebe bezog und seiner Fürsorge vertraute, wurde zunächst eine, die immer christusorientierter wurde. Bonhoeffer nennt sie selbst mit dem biblischen Begriff „Nachfolge". Schließlich bezieht er diese Nachfolge aber nicht auf einen kirchlichen Bereich, sondern auf das ganze Leben, auch in seiner *„Diesseitigkeit"*. Er meint damit das Leben *„in der Fülle der Aufgaben, Fragen, Erfolge und Mißerfolge, Erfahrungen und Ratlosigkeiten"*. Erst wenn

„man sich Gott ganz in die Arme" wirft, dann „wird man ein Mensch, ein Christ"[20]. Bonhoeffers Lebensweg ist also ein Weg vom Glauben zum Glauben.

Bei keinem anderen Theologen dieses Jahrhunderts sind Lebens- und Denkweg so eng miteinander verwoben. 1932 erfährt er Christus als den, der das ganze Leben, Reden und Tun, Glauben und Handeln beansprucht. Er ist der Herr, der in seine Nachfolge ruft. Dietrich Bonhoeffer entscheidet sich für die konsequente Nachfolge Jesu Christi. 1939, angesichts des heraufziehenden Schreckensszenarios eines Vernichtungskrieges, der von Deutschland ausgehen wird, entscheidet sich Bonhoeffer, nicht der vorfindlichen Wirklichkeit, sondern Christus, dem Wirklichen, zu vertrauen. Er wählt den Weg in den Widerstand. 1944, in der Haft in Berlin-Tegel, erfährt Bonhoeffer Christus als Mitleidenden mit den Geschundenen und Klagenden des sogenannten Dritten Reiches. Dafür steht das Kreuz. Doch nach dem Kreuz kommt die Auferstehung, nach dem Untergang des nationalsozialistischen Terror-Regimes wird – darauf vertraut Bonhoeffer – ein neuer Anfang möglich sein. Er entscheidet sich für die Zukunft.

Nun wäre es ein Missverständnis und ganz und gar nicht im Sinne Bonhoeffers, wollte man nur die erste Entscheidung als eine Entscheidung für Christus ansehen. Nach seinem Verständnis waren alle drei Entschlüsse Entscheidungen für Christus, auch die, die in unseren Augen politisch

---

20   A. a. O., 542.

und weltlich aussehen.[21] In allen drei Entscheidungen lernt er glauben.

1. Lernen, Christus allein zu vertrauen: Frieden und soziale Gerechtigkeit

Um ermessen zu können, welche Entscheidungen Bonhoeffer traf, müssen wir wissen, was ihn davor bestimmt hat. Der junge Bonhoeffer identifizierte sich selbstverständlich mit seinem deutschen Vaterland. Sein Bruder Walter hatte sich im Ersten Weltkrieg freiwillig an die Front gemeldet und dort sein Leben verloren. Im gleichen Geist trat 1923 auch der 17-jährige Dietrich aus freiem Entschluss zu militärischen Übungen an: *„... heute bin ich schon Soldat. Wir wurden gestern gleich, als wir ankamen, eingekleidet und kriegten unsere Sachen. Heute bekamen wir Granaten und Gewehre [...] Löhne gibt es keine.“*[22] Zwar dauerte Bonhoeffers militärische Karriere nur 14 Tage, aber die Einstellung, die aus diesen Briefzeilen spricht, findet sich nur fünf Jahre später in einem Vortrag, den der 22-jährige Vikar in Barcelona hielt. Sein Thema lautete: *„Grundfragen einer christlichen Ethik“*. Ethik ist für ihn *„Sache des Blutes“*. *„Es gibt keine an sich schlechten Handlungen, auch der*

---

21   Vgl. ders., Nachfolge (DBW IV, hg. v. M. Kuske / I. Tödt), München 1989, 216: Es geht „in der Nachfolge niemals wesentlich um die Entscheidung für dieses oder jenes Tun, sondern immer um die Entscheidung für oder gegen Christus".

22   D. Bonhoeffer, Jugend und Studium 1918–1927 (DBW IV, hg. v. H. Pfeiffer), München 1986, 68.

Mord kann geheilt werden." Zur Bergpredigt Jesu führt er aus: *„Es ist das größte Missverständnis, wenn man die Gebote der Bergpredigt [...] wörtlich auf die Gegenwart bezieht."* *„Braucht ein Volk mehr Raum, ist ein Krieg, auch ein Angriffskrieg, durchaus gerechtfertigt."* *„Auch die Kraft ist von Gott und die Macht und der Sieg [...], denn Gott selbst ist ewig jung und stark und sieghaft."*[23]

Heute erwartet niemand, bei Bonhoeffer solch eine nationalistische und völkische Überzeugung zu finden. Aber zu seiner Zeit stand er mit dieser Verklärung nationaler Sehnsüchte und der Rechtfertigung imperialistischer Vorstellungen in Theologie und Kirche nicht allein. Die uns heute befremdende religiöse Aufwertung des Volksgedankens war im damaligen deutschen Protestantismus mehrheitsfähig.[24] Auch bei Bonhoeffers Lehrer Reinhold Seeberg, der sich selbst *„modern-positiv"* nannte, fand sich eine Theologie, die den deutschen Staat und das deutsche Volk verherrlichte.[25] Über seine Berliner Lehrer hatte der frühe Bonhoeffer solche Ansichten aufgenommen. Ab 1924/25 macht sich bei ihm allerdings auch ein anderer Einfluss bemerkbar. Bonhoeffer war mit der dialektischen Theologie, besonders mit dem Werk Karl Barths in Berührung

---

23 Ders., Barcelona, Berlin, Amerika 1928–1931 (DBW X, hg. v. R. Staat/H. C. v. Hase), München 1991, 323, 332, 339.

24 Vgl. H. E. Tödt, Dietrich Bonhoeffers ökumenische Friedensethik, in: Frieden – das unumgängliche Wagnis (IBF 5), hg. v. H. Pfeiffer, München 1982, 85–117, bes. 86–90.

25 Vgl. G. Brackelmann, Protestantische Kriegstheologie im 1. Weltkrieg. Reinhold Seeberg als Theologe des deutschen Imperialismus, Bielefeld 1974. Im Unterschied zu Seeberg findet sich eine Verherrlichung des Staates bei Bonhoeffer nirgends, auch nicht in seinen frühen Jahren.

gekommen. Hier wehte ein anderer Geist. Barth warnte, dass Gott nicht in menschlichen Vorstellungen und Wünschen aufgehen dürfe, sondern dem Menschen als der *„ganz andere"* gegenübertritt.

Deutlich zutage treten erste Veränderungen in Bonhoeffers Denken 1930/31 bei einem Studienaufenthalt in den USA. Er macht sich dort nicht nur theologisch zu einem Propagandisten der dialektischen Theologie Barths, sondern vertritt in zahlreichen Gemeindevorträgen darüber hinaus den Vorrang christlicher Friedensverantwortung vor nationalen Bindungen. Zwar bekennt er sich *„als Deutscher, der seine Heimat mehr als alles liebt, [...] der dankbar bekennt, dass er alles, was er hat und ist, von seinem Volk erhalten hat"*. Doch *„vor dem Kreuz Christi und seinem unfassbaren Leiden verschwinden all unsere äußerlichen Unterschiede, wir sind nicht mehr reich oder arm, weise oder einfältig, gut oder schlecht, wir sind nicht mehr Amerikaner oder Deutsche, wir sind eine große Versammlung von Brüdern"*. Aus diesem Grunde lehnt er jeden Krieg ab und spricht sich gegen Nationalismus, Rassen- und Klassenhass aus: *„Es darf nie mehr geschehen, dass ein christliches Volk gegen ein christliches Volk kämpft, Bruder gegen Bruder, da beide einen gemeinsamen Vater haben."*[26] Eine grundlegende Neuorientierung nimmt Bonhoeffer allerdings erst später vor.

Sie fällt in das Jahr 1932. In diesem Jahr vor Hitlers Machtergreifung steckte Deutschland in einer großen wirtschaftlichen und politischen Krise. Bonhoeffer musste in dieser Zeit Konfirmandenunterricht in einem Bezirk

---

26   D. Bonhoeffer, Barcelona, 576–581.

Berlins erteilen, in dem die Eltern zu arm waren, ihren Kindern einen Konfirmationsanzug zu kaufen. An der technischen Hochschule hatte der Studentenpfarrer Bonhoeffer, selbst erst 26 Jahre alt, mit naturwissenschaftlich geprägten Studenten zu tun, für die das Wort „Gott" ein Fremdwort war. Im Mai 1932 predigte er über 2. Chronik 20,12: „Wir wissen nicht, was wir tun sollen, aber unsere Augen sehen nach dir!" In diesen Worten der Bibel findet er seine Situation und die seiner Kirche gut beschrieben. Die wirtschaftlichen und politischen Probleme vergrößern sich von Tag zu Tag; aber woher soll man den Maßstab nehmen, um richtige von falschen Lösungsvorschlägen zu unterscheiden? Auch im persönlichen Bereich gerät alles ins Wanken. Wie soll man sein Leben gestalten? Ist die Ehe eine zeitgemäße Lebensform oder ist sie überholt? Wie kann man Kinder erziehen? Wie können besonders junge Leute mit ihrer Sexualität verantwortlich umgehen? Bonhoeffer weiß auf diese Fragen zu dieser Zeit auch keine Antwort *(„Wir wissen nicht, was wir tun sollen.")*, aber er weiß, dass in dieser Situation nur der Blick auf den gekreuzigten und auferstandenen Christus weiterhelfen kann: *„Aber unsere Augen sehen nach dir!"* Nach dieser Predigt schreibt Bonhoeffer an einen Freund: *„Mir spitzt sich das Problem immer schärfer und unerträglicher zu. Neulich habe ich über 2. Chronik 20,12 gepredigt. Da habe ich meine ganze Verzweiflung mal abgeladen. Aber weiter bin ich deswegen auch nicht gekommen."*

Vier Jahre später schreibt er an eine Bekannte, wie er weitergekommen ist: *„Ich stürzte mich in die Arbeit in sehr unchristlicher und undemütiger Weise. Ein wahnsinniger Ehrgeiz, den manche an mir gemerkt haben, machte mir das Leben* schwer und entzog mir die Liebe und das Vertrauen meiner Mitmenschen. Damals war ich furchtbar allein und mir selbst überlassen. Das war sehr schlimm. Dann kam etwas anderes, etwas, was mein Leben bis heute verändert und herumgeworfen hat. Ich kam zum erstenmal zur Bibel. Das ist auch wieder sehr schlimm zu sagen. Ich hatte schon oft gepredigt, ich hatte schon viel von der Kirche gesehen, darüber geredet und geschrieben – und ich war noch kein Christ geworden, sondern ganz wild und ungebändigt mein eigener Herr. Ich weiß, ich habe damals aus der Sache Jesu Christi einen Vorteil für mich selbst, für eine wahnsinnige Eitelkeit gemacht. Ich bitte Gott, dass das nie wieder so kommt. Ich hatte auch nie, oder doch sehr wenig gebetet. Ich war bei aller Verlassenheit ganz froh an mir selbst. Daraus hat mich die Bibel befreit und insbesondere die Bergpredigt. Seit dem ist alles anders geworden. Das habe ich deutlich gespürt und sogar andere Menschen um mich herum. Das war eine große Befreiung. Der christliche Pazifismus, den ich noch kurz vorher leidenschaftlich bekämpft hatte, ging mir auf einmal als Selbstverständlichkeit auf.“[27]

Vorbereitet durch die Theologie Barths und durch die Erfahrung ökumenischen Christentums vollzieht der 26-jährige Bonhoeffer beim Lesen der Bibel eine Revision von Leben und Denken. Im Licht der Bibel wird ihm bewusst, dass er sein Christsein bisher für eigene Zwecke instrumentalisiert hat und damit eigentlich „noch kein Christ geworden“ war. Diese Entscheidung Bonhoeffers können

---

27 D. Bonhoeffer, Illegale Theologenausbildung: Finkenwalde 1935–1937, (DBW XIV, hg. v. O. Dudzus/J. Henkys in Zusammenarbeit mit a.), Gütersloh 1996, 112 f.

wir die Entscheidung für die konsequente Nachfolge nennen. In seinem 1937 erschienenen Buch „Nachfolge" legt er von diesen Erfahrungen her die Nachfolge aus: *„Jesus ruft in die Nachfolge […] Es gibt keinen anderen Weg zum Glauben als den Gehorsam gegen den Ruf Jesu […] Es ist abermals nichts anderes, als die Bindung an Jesus Christus allein, d. h., gerade die vollkommene Durchbrechung jeder Programmatik, jeder Idealität, jeder Gesetzlichkeit. Darum ist kein weiterer Inhalt möglich, weil Jesus der einzige Inhalt ist. Neben Jesus gibt es hier keine Inhalte mehr. Er selbst ist es […] Nachfolge ist nichts als Bindung an die Person Jesu Christi allein."*[28]

Bonhoeffer erfährt Christus als den Herrn aller Lebensbereiche. Die Bindung an ihn umfasst alles, auch die Politik. Darum kann er auf einer großen ökumenischen Konferenz 1934 in Fanø (Dänemark) kompromisslos zur Abrüstung aufrufen: *„Wie wird Friede? Durch ein System von politischen Verträgen? Durch Investierung internationalen Kapitals in den verschiedenen Ländern, d. h. durch die Großbanken, das Geld? Oder gar durch allseitige friedliche Aufrüstung zum Zwecke der Sicherstellung des Friedens? Nein, durch dieses alles aus einem Grunde nicht, weil hier überall Friede und Sicherheit verwechselt wird. Es gibt keinen Weg zum Frieden auf dem Weg der Sicherheit. Denn Friede muss gewagt werden, ist das eine große Wagnis und lässt sich nie und nimmer sichern. Friede ist das Gegenteil von Sicherung. Sicherheiten fordern heißt Misstrauen haben und dieses Misstrauen gebiert wiederum Krieg. Sicherheiten suchen heißt, sich selber schützen wollen. Friede heißt, sich gänzlich ausliefern dem Gebot Gottes, keine Sicherung wollen,*

---

28   Ders., Nachfolge, 45–47.

sondern in Glaube und Gehorsam dem allmächtigen Gott die Ge-
schicke der Völker in die Hand legen und nicht selbstsüchtig über
sie verfügen wollen. Kämpfe werden nicht mit Waffen gewonnen,
sondern mit Gott. Sie werden auch dort noch gewonnen, wo der
Weg ans Kreuz führt. "[29]

Als Bonhoeffer sich so auf Christus einlässt, wird ihm klar, wie unmöglich es ist, Krieg theologisch zu rechtfertigen. Mehr noch: Er nimmt nun die Bibel ganz ernst und damit auch die Bergpredigt. Was er 1928 in Barcelona noch vehement abgelehnt hat, erscheint ihm als zwingende Notwendigkeit: *„Der christliche Pazifismus ging mir auf einmal als Selbstverständlichkeit auf."* Bonhoeffer meint, endlich eine Basis, ein Fundament für sein Leben gefunden zu haben. An seinen ältesten Bruder, Karl-Friedrich, schreibt er 1935: *„Aber ich glaube nun endlich zu wissen, wenigstens einmal auf die richtige Spur gekommen zu sein – zum ersten Mal in meinem Leben. Und das macht mich oft sehr glücklich [...] Es gibt doch nun einmal Dinge, für die es sich lohnt, kompromißlos einzutreten. Und mir scheint, der Friede und die soziale Gerechtigkeit oder eigentlich Christus, sei so etwas."*[30] Die letzten Worte fallen besonders auf. Bonhoeffer identifiziert im Gespräch mit seinem agnostischen Bruder, der dem Glauben gegenüber eher verschlossen, aber für die soziale Frage sehr offen ist, Frieden und soziale Gerechtigkeit mit Christus – auch angesichts der gegenwärtigen Herausforderungen.

---

29   D. Bonhoeffer, London 1933–1935 (DBW XIII, hg. v. H. Goedeking/M. Heimbucher und H.-W. Schleicher), München 1994, 300.

30   D. Bonhoeffer, a. a. O. 273.

2. Lernen, Christus, dem Wirklichen, zu vertrauen: Widerstand

Die zweite wichtige Entscheidung fällte Dietrich Bonhoeffer 1939: die Entscheidung für den Widerstand. Er sah, dass Hitler die Welt in den Krieg stürzen wollte. Als christlichen Wehrdienstverweigerer würde man ihn „an die Wand stellen". Da bekam er eine Einladung zu einer Vortragsreise in die USA. Er ergriff diese Gelegenheit, sich aus Deutschland abzusetzen. Doch schon nach sechs Wochen kehrte er zurück. Wie kam es zu dieser plötzlichen Umkehr? Sein Freund Eberhard Bethge hatte Dietrich Bonhoeffer am Anfang des Jahres ein Losungsbuch geschenkt. Es ist nun sehr aufschlussreich, im Tagebuch der Amerikareise zu verfolgen, wie Bonhoeffer im Hören auf die Losungen und im Gebet um den rechten Weg ringt. Bonhoeffer fragt sich, ob er nicht aus Feigheit und Freche weggelaufen ist (16.6.). Schließlich schlägt er am 20.6. eine Tätigkeit als Dozent, die ihm dauernden Aufenthalt in den USA gesichert hätte, aus. Im Tagebuch heißt es dazu: *„Damit ist wohl die Entscheidung gefallen. Ich habe abgelehnt. Man war sichtlich enttäuscht und wohl etwas verstimmt. Für mich bedeutet es wohl mehr, als ich im Augenblick zu übersehen vermag. Gott allein weiß es. "*[31]

Bonhoeffer ahnte gewiss, dass seine Rückkehr nicht einfach eine Fortsetzung seiner bisherigen Ausbildungstätigkeit bedeutete. Nach Kriegsbeginn, als die jungen Vikare der Bekennenden Kirche eingezogen wurden, musste er

---

31   Illegale Theologenausbildung: Sammelvikariate 1937–1940 (DBW XV, hg. v. D. Schulz), Gütersloh 1998, 228.

im Frühjahr 1940 die Arbeit am Predigerseminar der Bekennenden Kirche ganz einstellen. Er wusste zu dieser Zeit auch, dass Rückkehr nach Deutschland nur Kampf gegen die Unmenschlichkeit des Staates unter Hitler bedeuten konnte. Was allein Gott wusste, war, dass Dietrich Bonhoeffer in diesem Kampf sein Leben lassen würde.

Nach seiner Ankunft in Deutschland wurde Bonhoeffer durch die Vermittlung seines Schwagers Hans von Dohnanyi, der jahrelang persönlicher Referent des Reichsjustizministers gewesen war, in Umsturzvorbereitungen hineingezogen. Von Dohnanyi war es auch, der Bonhoeffer zur Tarnung seiner Aufgaben als Verschwörer eine Tätigkeit bei der Spionageabwehr der Wehrmacht vermittelte. Bonhoeffer war selbst erschrocken, wohin ihn sein Weg geführt hatte: Konnte er, der Pfarrer und Christ, der christliche Pazifist, bei einer Verschwörung mitmachen? Bonhoeffer antwortete, *„daß er als Pastor nicht nur die Pflicht habe, die Opfer eines wildgewordenen Mannes, der sein Auto in einer bevölkerten Straße wie ein Rasender fährt, zu trösten; er müsse auch versuchen, ihn zu stoppen".*[32]

In der Zeit, die Bonhoeffer während seiner konspirativen Reisen und seiner Tätigkeit für die Abwehr blieb, arbeitete er an der Ethik. Wir erfahren in den vorliegenden Fragmenten, warum er als Christ bewusst in den Widerstand, ja sogar in den bewaffneten Widerstand gegangen ist. Wieder ist es die Person Jesu Christi, von der seine Ge-

---

32   Nach dem Bericht von Bonhoeffers Mitgefangenem Gaetano Latmiral, An die Insassen der Justizvollzugsanstalt Tegel, in: Dietrich Bonhoeffer 1986. Erinnerungen, Begegnungen, Vergegenwärtigungen. Texte zum 80. Geburtstag (Dokumentationen 52/86), Ev. Bildungswerk Berlin, 99–101; hier 100.

danken ausgehen. Jesus Christus, der Sohn Gottes, der für uns Mensch geworden ist, für uns gekreuzigt und auferstanden ist, steht im Zentrum seiner Überlegungen.

Durch die *Menschwerdung* des Sohnes Gottes zeigt Gott, dass er alle Menschen in gleicher Weise liebt. Wenn Gott die Menschen so liebt, dann ist sein ärgster Feind der Menschenverächter, wie er sich in der Gestalt Adolf Hitlers zeigt. Christen, die an den menschgewordenen Gott glauben, werden sich mit allen ihren Kräften dafür einsetzen, dass Verbrechen gegen die Menschheit Einhalt geboten wird. Wenn die Kirche oder ein Einzelner zur Verletzung der Menschenrechte schweigt, werden sie schuldig gegen Christus. Da die Kirche zur Judenpolitik des Nationalsozialismus geschwiegen hat, schreibt Bonhoeffer im Oktober 1940: Die Kirche *„ist schuldig geworden am Leben der Schwächsten und Wehrlosesten Brüder Jesu Christi"*[33]. Bonhoeffer verweist aber in der Schuldfrage nicht einfach auf andere, sondern sieht sich in dies Schuldbekenntnis eingeschlossen. Die Judenverfolgung ist der wesentliche Grund gewesen, warum er sich am Widerstand beteiligte.

Durch die *Kreuzigung* des Sohnes Gottes zeigt Gott, dass nicht der Erfolg das Maß und die Rechtfertigung aller Dinge ist, sondern das Gericht Gottes. Bestand hat nur, was im Gericht Gottes bestehen kann. Durch das Gericht kommt aber nur, wer sich dem Geschehen auf Golgatha beugt. Bonhoeffer sagt: Bei Jesus geht es *„nicht um Erfolg oder Misserfolg, sondern um das willige Annehmen des Gerichtes Gottes. Nur im Gericht gibt es Versöhnung mit Gott und unter*

33   D. Bonhoeffer, Ethik (DBW VI, hg. v. I. Tödt u. a.), München 1992, 130.

den Menschen". Nun hatte Hitler zweifellos im Krieg und damit in den Augen der meisten Deutschen große Erfolge errungen.[34] Bonhoeffer möchte allerdings durch diese oberflächliche Wirklichkeit hindurchschauen. Es geht ihm darum, wie man zusammendenken kann, dass einerseits Gott der Herr der Geschichte ist, dass aber andererseits der Antichrist Hitler so erfolgreich ist. Wenig später – im September / Oktober 1940 – notiert er darum: *„der Erfolgreiche"* (Bonhoeffer denkt an Hitler) *„schafft Tatbestände, die nie mehr rückgängig zu machen sind [...] Bei dem Gesagten handelt es sich um Tatsachen – noch nicht um Bewertungen."* Wertend ist dazu festzustellen: *„Die Gestalt des Gekreuzigten setzt alles an Erfolg ausgerichtete Denken außer Kraft."* Das Kreuz Jesu ist eben das Gericht über den Erfolg. Friede wird darum auch nicht durch den Erfolg herbeigeführt, sondern durch dieses Gericht, das sich auf Golgatha vollzogen hat. *„Nur indem Gott an sich selbst das Gericht vollzieht, kann Friede werden zwischen ihm und der Welt und zwischen Mensch und Mensch."*[35] Das Gericht Gottes über den Erfolg hilft dem Nachfolger Jesu Christi, dem Erfolg kritisch gegenüberzustehen. So führt das Gericht Gottes weg von Erfolgsvergötzung hin zum Widerstand.

Durch die *Auferstehung* Jesu Christi zeigt uns Gott, dass Leben mehr ist, als sich diesseits des Todes ereignet. *„Gottes Liebe zum Menschen war stärker als der Tod."* Nun zeigt sich aber deutlich, dass schon zu Bonhoeffers Zeit – wie

---

34 Vgl. genauer H.-J. Abromeit, Das Geheimnis Christi. Dietrich Bonhoeffers erfahrungsbezogene Christologie, 247–252.

35 D. Bonhoeffer, Ethik, 76.

viel mehr heute! – dem Tod absolute Macht zugeschrieben wird. Alles, was wichtig ist, ereignet sich vermeintlich diesseits der Todesgrenze. Der Tod ist das Letzte und tritt an die Stelle Gottes. Bonhoeffer spricht von *„Todesvergötzung"*.[36]

Die Entscheidung für den Widerstand war für Bonhoeffer zwangsläufig. Wer den die Menschen bejahenden, den Erfolg richtenden und den neuen Menschen verheißenden Gott kennt, kann an Menschenverachtung, Erfolgsverherrlichung und Todesvergötzung nicht einfach vorübergehen. Nicht diese Pervertierungen des Menschseins geben eine Richtung vor, sondern nur der wirkliche Christus. Insofern ist Bonhoeffers Entscheidung für den Widerstand eine Entscheidung für Christus als den wirklichen, Mensch gewordenen, gekreuzigten und auferstandenen Christus.

Aber die Verschwörung wurde aufgedeckt und Bonhoeffer zwei Jahre lang inhaftiert. Schließlich wurde er am 9. April 1945 im KZ Flossenbürg gehenkt. Im Gefängnis lernte Bonhoeffer, wie er es nennt, *„den Blick von unten"* kennen. Aus der Perspektive der Geschundenen und Geschlagenen entwarf er die Gestalt eines neuen Christseins und einer neuen Kirche. So fiel angesichts des Todes Bonhoeffers dritte wichtige Entscheidung – eine Entscheidung für die Zukunft. Sie fand Ausdruck in den Briefen und Gedichten, die in dem Buch „Widerstand und Ergebung" gesammelt sind.

---

36   A. a. O., 79.

3. Lernen, mit Christus zu leiden: Änderung der Blickrichtung

Was Bonhoeffer in seiner Haft erleben musste, war für jemanden aus der besseren Gesellschaft eine besonders erniedrigende Erfahrung. Die Zellen des Gefängnisses in Berlin-Tegel waren klein und dreckig. Ein Mitgefangener aus dieser Zeit erinnert sich: *„Die Zellen waren ziemlich eng und nicht sehr sauber (während des Sommers gab es Wanzen). In der Zelle war ein Kübel für die körperlichen Notwendigkeiten [...] Am Morgen, beim Verteilen des Essens, wurden in derselben Zeit die Kübel geleert und das Brot meistens auf den Deckel gelegt."*[37] Von Besuchern wurde immer wieder der schreckliche Gestank erwähnt.

Wie fühlt sich Bonhoeffer in dieser Umgebung? An die Eltern schreibt er: *„Vor allem müßt ihr wissen und auch wirklich glauben, daß es mir gut geht."*[38] Wie es ihm wirklich geht, zeigt ein Zettel vom Mai 1943. Er fühlt sich isoliert, völlig einsam, es wird ihm alles gleichgültig, er hat Sehnsucht nach früheren Zeiten, er wähnt sich am Ende. Vor allem die Wendung: *„Selbstmord, nicht aus Schuldbewußtsein, sondern weil ich imgrunde schon tot bin, Schlußstrich, Fazit",*[39] zeigt uns, welche Verzweiflung Bonhoeffer überfallen hatte. Nur das Stichwort: *„Überwindung im Gebet"* deutet an, woher er immer wieder Kraft schöpft.

Im November 1943 erwähnt er diese Selbstmordgedan-

---

37   G. Latmiral, in: Ch. Gremmels/H. Pfeiffer, Theologie und Biographie, München 1983, 102.

38   D. Bonhoeffer, Widerstand 43.

39   A. a. O., 64.

ken in einem Brief an seinen Freund Eberhard Bethge: *„Du bist der einzige Mensch, der weiß, daß die acedia-tristitia (Traurigkeit – Verzweiflung – H.-J. A.) mit ihren bedrohlichen Folgen mir oft nachgestellt hat und hast Dir vielleicht – das fürchtete ich damals – in dieser Hinsicht Sorgen um mich gemacht. Aber ich habe mir von Anfang an gesagt, daß ich weder den Menschen noch dem Teufel diesen Gefallen tun werde; dies Geschäft sollen sie selbst besorgen, wenn sie wollen."*[40] Was Bonhoeffer hier mit „acedia" meint, verstehen wir besser, wenn wir hören, was er in seiner Seelsorgevorlesung dazu im Kapitel über die verschiedenen Arten der Anfechtung sagt: *„Eine andere Weise erfahrener Anfechtung ist die Traurigkeit, die ‚acedia' [...] In ihr verfällt der Mensch mit sich selbst. Sie treibt ihn in völlige Einsamkeit hinein, so daß er sich sagt, es sei ja doch alles sinnlos und umsonst. Dunkelheit legt sich zwischen Mensch und Gott, so daß der Mensch Gott verliert. Es entsteht nicht etwa Heilsungewißheit, sondern Zweifel am Dasein Gottes. Die Frage nach dem Heil wird gar nicht erst gestellt. Der durch ‚acedia' Angefochtene ist ein Spielball in der Hand des Teufels, bis hin zum Gedanken an Selbstmord. Es liegt ja nicht mehr an irgendetwas!"*[41] Acedia ist also das traurige Gefühl der Sinnlosigkeit und Leere, das bis zur Verzweiflung, bis zum Selbstmord führen kann. Offensichtlich hat Bonhoeffer diese Traurigkeit gut gekannt. Aber er beruhigt den Freund Bethge, im Gefängnis habe er der Todessehnsucht *„von Anfang an"* widerstanden. Wir wissen zwar, dass er auch hier im Gespräch mit

---

40   A. a. O., 187.

41   Hier zitiert nach D. Bonhoeffer, Gesammelte Schriften V, hg. v. E. Bethge, München 1972, 387; vgl. D. Bonhoeffer, Finkenwalde, 583 f.

dem Freund nicht ganz ehrlich war. Jedoch ist diese Phase im November 1943 wirklich überwunden, und Bonhoeffer hat wieder neue Aufgaben in den Blick genommen, deren Lösung er literarisch vorantreibt.

Als Antwort auf die Glaubensschwierigkeit und Mündigkeit des modernen Menschen entwickelt er die Vision eines weltlichen, religionslosen Christentums. Wenn Christus der ist, der *„ganz für andere da ist"*, dann kann auch die Kirche in ihrer konkreten Gestalt nur für andere da sein. Bonhoeffer denkt ganz radikal: *„Um einen Anfang zu machen, muß sie [die Kirche] alles Eigentum den Notleidenden schenken. Die Pfarrer müssen ausschließlich von den freiwilligen Gaben der Gemeinden leben, evtl. einen weltlichen Beruf ausüben. Die Kirche muß an den weltlichen Aufgaben des menschlichen Gemeinschaftslebens teilnehmen, nicht herrschend, sondern helfend und dienend. Sie muß den Menschen aller Berufe sagen, was ein Leben mit Christus ist, was es heißt, ‚für andere da zu sein'."* Diesem neuen Verständnis des Christseins, das *„im Beten und im Tun des Gerechten unter den Menschen"* besteht, entspricht auch eine nicht religiöse Interpretation der Bibel. Bonhoeffer redet zentral immer von Jesus Christus, nicht von dem großen, unnahbar fernen Gott, der in einer Sonderwelt lebt. Entscheidend ist, von Gott zu reden, wie er in unsere Welt eingegangen ist, sie versöhnt hat, vom Gott in unserer Welt, nicht vom Gott jenseits unserer Welt. Bonhoeffer tut dies immer wieder in poetischer Form. Sehr schön legt er zum Beispiel in dem Gedicht *„Christen und Heiden"* Rechenschaft darüber ab, was ihn aus seinem Selbstmitleid herausgerissen hat. Seine Entscheidung zur Zukunft ist grundlegend, dass er Christus noch einmal ganz neu kennenlernt. Er hat erfahren, dass nicht allein die eigenen Probleme wichtig sind, sondern dass es noch wichtiger ist zu erkennen, dass auch Gott Probleme hat. Bonhoeffer schreibt:

> „Menschen gehen zu Gott in ihrer Not,
> flehen um Hilfe, bitten um Glück und Brot,
> um Errettung aus Krankheit, Schuld und Tod.
> So tun sie alle, alle, Christen und Heiden.
>
> Menschen gehen zu Gott in Seiner Not,
> finden ihn arm, geschmäht, ohne Obdach und Brot,
> sehen ihn verschlungen von Sünde, Schwachheit und Tod.
> Christen stehen bei Gott in Seinem Leiden.
>
> Gott geht zu allen Menschen in ihrer Not,
> sättigt den Leib und die Seele mit seinem Brot,
> stirbt für Christen und Heiden den Kreuzestod,
> und vergibt ihnen beiden. "[42]

Im Gefängnis, den täglichen Begegnungen mit zum Tode Verurteilten und die Angst der Eingeschlossenen vor Bombenangriffen vor Augen, sieht Bonhoeffer, dass Christen wie Nichtchristen sich in Ausweglosigkeit und Todesnot an Gott wenden. Das ist nichts spezifisch Christliches. Was Christen und Nichtchristen unterscheidet, ist, dass Christen das Leiden Gottes in dieser Welt und an dieser Welt teilen. Wer sich unter das Versöhnungskreuz Jesu auf

---

42   Ders., Widerstand, 51 ff.

Golgatha stellt, findet sich wieder in der Gemeinschaft mit anderen schuldig und unschuldig Leidenden. Mit dem Leiden und Sterben Jesu ist Gott eine Verbindung zu denen eingegangen, die *„arm, geschmäht, ohne Obdach und Brot"* sind. Wenn Jesus nun dort ist, können seine Nachfolger nicht woanders sein. *„Christen stehen bei Gott in Seinem Leiden."* Bonhoeffers dritte Entscheidung, die Entscheidung zur Zukunft, war ein Wechsel in der Grundhaltung. An die Stelle der Selbstbemitleidung tritt wirkliches Mitleiden, ein sich Einlassen auf das Leiden Gottes damals am Kreuz und heute in der Welt. So wird Bonhoeffer zu einem Märtyrer Jesu Christi. Weil er sich ganz zu dem Mann auf Golgatha stellt, finden wir ihn als Gehenkten und Verbrannten im KZ Flossenbürg neben vergasten und verbrannten Juden im KZ Auschwitz.

Hat Bonhoeffer im Laufe seines Lebens Glauben gelernt? Er hat gelernt und immer wieder aufs Neue gelernt, Christus zu vertrauen. Dabei wuchs in ihm eine Sehnsucht nach Frieden und sozialer Gerechtigkeit. Er hat gelernt, nicht den Gehorsam fordernden Mächten der Nation und des Staates zu folgen, sondern allein dem wirklichen Christus. Das führte ihn zu seiner Zeit in den Widerstand gegen den nationalsozialistischen Staat. Schließlich wurde er von seinem Selbstmitleid befreit und sensibel für das Leiden Gottes in dieser Welt. In all dem hat er Glauben gelernt.

Praxisentwürfe für die Arbeit mit Gruppen

STUNDENENTWURF FÜR JUGENDLICHE

Glauben und Zweifeln gleichzeitig

Sabine Herwig

Die Jahreslosung für dieses Jahr berührt mich: Da glaubt jemand – und bittet doch Jesus, ihm beim Glauben zu helfen. Ich spüre eine innere Zerrissenheit, einen Funken Verzweiflung, aber auch eine Hoffnung, dass Jesus Unmögliches ermöglichen kann. Dieser ehrliche Satz trifft auf die Lebenswelt der Teenager in unseren Gemeinden: Sie spüren, wie die Gemeinschaft sie reich macht, wie Gottes Botschaft der bedingungslosen Liebe ihnen ermöglicht, sich selbst anzunehmen, und wie das Evangelium sie herausfordert und innerlich wachsen lässt. Und gleichzeitig ist die Sache mit dem Glauben kompliziert: Jugendliche sind aufgeklärt und gebildet, sie kennen Evolutionstheorien und leben in digitalen Welten, die in der Bibel keine Rolle spielen. Sie können sich Informationen beschaffen und hinterfragen, was ihnen seltsam vorkommt. Aber dürfen sie das angesichts des heiligen Gottes? Dieser Stundenentwurf zielt darauf ab, Jugendliche mit ihren Zweifeln an der Bibel, an Gott und Jesus ernst zu nehmen, ohne dass sie sich in ihnen verlieren. Im Gespräch und mit kleinen Aktionen suchen die Jugendlichen gemeinsam mit den Mitarbeitenden ihren Weg, mit Zweifeln umzugehen und ihren Glauben wachsen zu lassen.

Die einzelnen Aktionen sind Bausteine. Wer alle verwenden möchte, wird sicherlich länger als 90 Minuten für die Einheit brauchen. Entweder kann die Einheit auf zwei Gruppenstunden aufgeteilt werden oder als roter Faden auf einer Freizeit verwendet werden.

Einstieg

Baustein: Was glaube ich (nicht)?
In der Mitte des Stuhlkreises liegen zwei größere Zettel. Auf einem steht: „Ich glaube", auf dem anderen steht: „Ich glaube nicht". Alle (auch die Mitarbeitenden) bekommen zwei der folgenden Stichpunkte und sollen sagen, ob sie glauben, was da steht, oder nicht. Darüber können auch schon erste Gespräche entstehen. Es sind bewusst auch eher lustige Punkte eingebaut, damit es eine lockere Startrunde wird.

Ich glaube (nicht)
… dass Gott Menschen heilen kann
… an die Erkenntnisse der Naturwissenschaft
… dass die Erde rund ist
… an die Liebe
… dass meine Eltern es gut mit mir meinen
… dass Jesus gelebt hat
… daran, dass Jesus mir Kraft gibt
… dass man sich mit Geld alles kaufen kann
… dass es im Meer Haie gibt
… dass das, was in der Bibel steht, eine Bedeutung hat

... dass der Osterhase Eier versteckt
... dass der Weihnachtsmann Geschenke bringt
... dass Red Bull Flügel verleiht
... dass ein Leben ohne Smartphone möglich ist
... dass Jesus am Kreuz gestorben ist
... dass es Gott gibt
... dass Jesus auf dieser Welt gelebt hat
... dass Jesus vom Tod auferstanden ist
... dass Gott die Welt gemacht hat
... dass Rentiere fliegen können
... dass Superman die Welt retten kann
... an das Gute im Menschen
... dass der Storch die Babys bringt
... dass ein Flugzeugpilot ein Flugzeug fliegen kann

Input

Das ist ja eine verrückte Kombination in der Mitte: der Osterhase neben Superman und mittendrin Jesus. Dabei liegen die einzelnen Stichpunkte so, wie einer von euch sie gelegt hat. Vielleicht würde jemand anderes einiges verändern? Aber so ist das eben bei Glaubensfragen: Sie sind keine Gesetze oder Regeln.

Dabei ist uns allen wahrscheinlich klar, dass der Osterhase keine Eier bringt und es auch rein biologisch betrachtet unwahrscheinlich ist, dass ein Rentier fliegen kann – außer im Flugzeug, aber nur, wenn der Pilot auch tatsächlich ein Flugzeug fliegen kann.

Aber wenn ihr euch zurückerinnert: Als kleine Kinder

waren wir alle der festen Überzeugung, dass der Hase die Eier bringt, und vielleicht haben wir unseren Eltern auch das Märchen vom Storch geglaubt. Ich erinnere mich, wie ich an Weihnachten in der Kirche immer versucht habe, durch die bunten Scheiben doch einen Schimmer vom Christkind zu entdecken, das natürlich um diese Zeit die Geschenke unter den Baum gelegt hat. Ein paar Jahre später ändern sich dann unsere Überzeugungen und wir hinterfragen die Idee vom Christkind, das Geschenke bringt.

Genau so geht es ja auch der Welt mit ihren Erkenntnissen: Die ersten Menschen, die die verrückte These hatten, dass die Welt eine Kugel sein könnte und keine Scheibe, wurden nicht nur ausgelacht, sondern meistens weggesperrt, gefoltert oder auf andere unschöne Art und Weise beseitigt. Und heute? Da können wir uns gar nicht mehr vorstellen, dass diese Erkenntnis jemals zur Diskussion stand.

Und dann gibt es eben diese Dinge, die wir einfach annehmen und hinnehmen: Dass es im Meer Haie gibt, werden die wenigsten von euch überprüft haben. Aber wir glauben es – wir wissen es auch irgendwie. Schließlich gibt es Naturdokumentationen, Fotos und Videos von Haien im Meer – und auch Augenzeugen, die Haie gesehen haben.

In anderen Bereichen hat das, was wir glauben, auch viel mit Vertrauen zu tun: Kinder, die merken, dass ihre Eltern sie lieb haben, sich kümmern, sich auch mal Sorgen machen und einfach da sind, werden darauf vertrauen, dass die Eltern es gut meinen mit ihnen. Auch wenn es Streit gibt oder so manches Nein hart zu akzeptieren ist. Das grundsätzliche Vertrauen ist da, auch wenn wir es nicht immer gleich stark fühlen.

Tatsächlich vertrauen wir vielen fremden Menschen einfach so: dem Schulbusfahrer, dass er uns gut ans Ziel bringt, dem Piloten, dass er fliegen kann, und dem Lehrer, dass er recht hat, wenn er sagt: 2+2=4 – das alles ist für uns total normal. Wir vertrauen, dass alles schon seine Ordnung hat. Ohne dieses Vertrauen könnten wir nicht leben. Denn woher wollen wir wissen, dass das Auto gut zusammengebaut ist und das Haus, in dem wir wohnen, nicht zusammenstürzt? Vertrauen lässt uns entspannt leben, manchmal sogar, ohne dass wir es merken.

Eine ganz andere Dimension erhält unser Vertrauen bei den großen Glaubensfragen. Gibt es Gott? Wie ist er? Was will er von mir? Was gibt er mir? Wie kann ich das merken? Diese Fragen beschäftigen viele Menschen und wahrscheinlich auch euch. Was wir über Gott und Jesus wissen, bleibt immer auch eine Glaubensfrage. Und dazu gehören auch in gewissen Phasen immer wieder Zweifel und Fragen: Was für Christen selbstverständlich sein sollte, zweifeln wir an – obwohl wir es vielleicht eigentlich gerne glauben würden.

Eure Gedanken dazu könnt ihr jetzt kreativ in einem kleinen Theaterstück umsetzen.

Baustein: Theaterstück
Die Jugendlichen finden sich in Gruppen von 3–5 Personen zusammen und bekommen eine Liste mit Wörtern. Von diesen sollen mindestens fünf im Theaterstück vorkommen.

- Glauben
- Zweifeln
- Entscheidung
- Vertrauen
- Gott
- Lebenskrise
- Christ

Dazu kommt jeweils ein Wort aus der ersten Runde, jede Gruppe bekommt ein anderes: Osterhase, Weihnachtsmann, Welt, Pilot, Red Bull …

Zeit zum Vorbereiten: ca. 15 Minuten

Die Stücke werden vorgespielt und natürlich jeweils mit Applaus gewürdigt.

Bibeltext: Markus 9,14-29

Im Anschluss an die ausgedachten Geschichten kommt die biblische Geschichte zum Zug, die die Rahmenhandlung für die Jahreslosung bildet. Je nachdem, wie viel Vorkenntnisse die Jugendlichen mit biblischen Geschichten haben, lässt sich die Methode anpassen.

Gar keine / wenig Vorkenntnisse: Geschichte nacherzählen oder aus der Volxbibel vorlesen.

Gute Vorkenntnisse: Geschichte reihum lesen, Basisbibel oder Gute Nachricht.

Input

„Ich vertraue ihm ja – und kann es doch nicht! Hilf mir vertrauen!" Das ist der Satz, der die Sache auf den Punkt bringt.

Der Vater glaubt und will glauben, dass Jesus seinen Sohn heilen kann. Und trotzdem hat er Zweifel. Er kann nicht ganz und gar daran glauben, dass sein Sohn gesund wird. Dafür hat er vielleicht schon zu viel versucht und zu viel gehofft und wurde enttäuscht. Der Vater hat beides: Glaube und Vertrauen in Jesus, aber auch Zweifel und Unglaube. Und genau so, mit allem, was er denkt und fühlt, geht er zu Jesus.

Das ist das Besondere an Jesus: Er verlangt keinen blinden Gehorsam. Er nimmt die Menschen an, wie sie sind. Mit ihren Fragen und Zweifeln. In keiner anderen Religion lassen sich die Götter so sehr infrage stellen wie unser Gott im christlichen Glauben. Gott wird angeklagt und hinterfragt. In der Bibel finden sich immer wieder Stellen, in denen selbst der harte Kern der Jünger zweifelt. Hier ein paar Beispiele:

Jesus ist auferstanden und zeigt sich nach seinem Tod den Jüngern. Einer von ihnen – Thomas heißt er – kann es nicht glauben. Thomas verlangt von Jesus, dass er seine Hände in Jesu Wundmale legen darf. Und Jesus sagt nicht: „Glaub's oder lass es bleiben, du Ungläubiger", sondern er erfüllt Thomas seine Bitte (Johannes 20,19-29). Sogar in dem Moment, in dem Jesus in den Himmel hinauffährt, steht in der Bibel: *„Die elf Jünger aber gingen nach Galiläa, an den Berg, wohin Jesus sie bestellt hatte. Und als sie ihn sahen, warfen sie sich vor ihm nieder; einige aber zweifelten"* (Matthäus 28,16-17).

Diese Jünger haben wirklich alles gesehen, was Jesus kann. Sie waren live dabei, als er Menschen heilte. Sie haben gesehen, wie intensiv er zu Gott betete und dass da etwas Heiliges an ihm war. Sie haben verstanden, dass Jesus eines Tages vom Himmel aus regieren wird. Sie waren dabei, als er den scheinheiligen Pharisäern die Meinung sagte. Sie haben erlebt, wie eine Begegnung mit Jesus die Menschen veränderte und die Massen in Bewegung setzte. Und dann verabschieden sie sich von ihm – und einige zweifeln. Das ist doch der Wahnsinn! Aber es ist auch menschlich.

Und wenn schon die Jünger zweifeln, dann ist es ja klar, dass der Vater dieses kranken Kindes auch zweifelt. Und trotzdem glaubt er. Geht euch das auch schon mal so? Viele Aspekte der christlichen Botschaft können wir leicht glauben, wir beten und freuen uns darüber, dass wir Christen sind. Aber es gibt auch viele Dinge, die wir infrage stellen, weil sie absurd sind oder gegen die Wissenschaft nicht ankommen. Oder weil wir in unserem Leben Erfahrungen gemacht haben, die uns zweifeln lassen – vielleicht auch eine Krankheit, wie der Vater sie an seinem Sohn erleben muss, oder einen großen Verlust. Vielleicht haben wir auch Angst, von Gott enttäuscht zu werden. Wenn wir ihm vertrauen, kann es sein, dass wir trotzdem in eine schwere Krise geraten und dann erst mal neu unseren Glauben suchen müssen. Dabei ist das eine ganz normale Sache: Die Zweifel, die wir haben, regen uns ja auch zum Nachdenken an. Wir suchen neu nach Antworten auf unsere Fragen, wir bleiben an Gott dran und sagen: Gott, ich glaube – aber hilf mir da, wo ich nicht glauben kann. Oft reden wir mit anderen Menschen und können von ihnen lernen, wie sie mit ihren Zweifeln umgehen. Außerdem sind Zweifel auch wichtig, um die Menschen zu hinterfragen, die uns vom Glauben erzählen. Da kommt euch etwas total seltsam vor? Ihr könnt euch nicht vorstellen, dass Gott so ist, wie es euch eine Mitarbeiterin erzählt? Dann fragt nach! Und bildet euch selbst eine Meinung! Ja, das ist auch im Christsein erlaubt!

Schwierig werden Zweifel dann, wenn wir eben nicht sagen: „Hilf mir, Gott", sondern wenn wir sagen: „Das war's für mich mit Gott" – wenn wir unser Vertrauen auf Gott über Bord schmeißen und weder fragen noch suchen. Dann kann es sein, dass wir tatsächlich den Glauben verlieren. Oder wenn wir uns nicht trauen, Zweifel auszusprechen, weil wohl offensichtlich niemand in der Gemeinde das tut – dann wird unser Glaube hohl und scheinheilig, weil wir zwar äußerlich zum Glauben stehen, uns aber innerlich verabschieden und unseren Fragen nicht nachgehen.

Zweifel sind erlaubt! Auch wenn Jesus manchmal in der Bibel genervt und empört ist, wenn seine Jünger zweifeln, hält er doch zu ihnen. Er schickt niemanden weg, sondern hält zu den Menschen, so wie sie sind. Für mich ist es eine Erleichterung, auch in der Bibel von Menschen mit Zweifeln zu lesen. Ich weiß: es darf sein. Ich kann glauben und zweifeln gleichzeitig. Jesus fordert keinen blinden Gehorsam. Er liebt uns und wir sind wie seine Brüder und Schwestern. So möchte er, dass wir ihn sehen. Dass wir verbunden sind im Glauben mit ihm. Jesus nimmt unsere Zweifel auf und kann sie auch auflösen. Wir müssen damit nicht alleine klarkommen, wir können es nämlich nicht. Deshalb gilt auch für uns der Satz: „Ich glaube und kann es doch nicht. Hilf meinem Unglauben."

Baustein: Glaubens- und Zweifelbekenntnis

Zeit: Ca. 20–30 Minuten

Jede und jeder Jugendliche verfasst für sich ein Glaubens- und Zweifelsbekenntnis.

Je nachdem, wie vertraut die Gruppe miteinander ist, können die Texte im Anschluss vorgelesen werden.

GRUPPENGESPRÄCH

Leben in wachsenden Ringen

Martina Walter

Die folgenden Gesprächsanregungen eignen sich für Hauskreise, Bibelstunden, Frauen-, Senioren- und sonstige Gesprächskreise.

Als Material wird benötigt: Bibeln, Moderationskarten oder ein großes Plakat, das Bild einer Baumscheibe mit Jahresringen und die Zwischenüberschriften (Station 1–4) auf DIN-A4-Bögen, um den Weg durch die Geschichte zu visualisieren.

Einleitung

Was bedeutet eigentlich Glaube? Was ist für uns glaubwürdig und was nicht?

Im Alltag glauben wir vieles, zum Beispiel manchen Versprechungen der Werbung. Und manchmal glauben wir, ohne länger darüber nachzudenken. In diesem Fall ist der Glaube so etwas wie ein Für-wahr-Halten. Und manchmal vertrauen wir, ohne zu prüfen, ob unser Vertrauen abgesichert ist. Wir vertrauen darauf, dass der Busfahrer wirklich einen Busführerschein hat, und dass der Arzt weiß, was er tut, wenn er uns operiert. Ist Glaube an Gott auch solch ein Für-wahr-Halten? Fordert dieser Glaube unser blindes Vertrauen? Viele Menschen sagen Ja, dass sie nicht glauben können, weil Gott nicht beweisbar ist und sie ihn nicht sehen.

Erste Gedanken
Wir sammeln Stichworte zum Glauben.

Wenn wir an den Glauben an Gott denken, welche Stichworte fallen uns dazu ein? Was bedeutet Glaube? Was bedeutet er für uns?

Die Stichworte werden genannt und auf Moderationskarten oder auf einen Flipchart-Bogen geschrieben und sichtbar aufgehängt.

Solche Stichworte könnten sein: Gott, Jesus, Vertrauen, Hoffnung, Festhalten, Gebet, Einer ist für mich da, Fundament, Sicherheit …

Unser Glaube ist eine Lebensgrundlage, ein Fundament, auf das wir unser Leben bauen. Und doch merken wir, dass er nicht immer gleich ist. Manchmal sind wir mutig und gewiss, und dann gibt es Situationen, in denen der Glaube vielleicht auch wackelig ist, wo uns der Zweifel packt und sich Unglaube breitmachen will.

In unserem Kreis sind wir Menschen, die schon eine ziemliche Strecke in ihrem Leben zurückgelegt haben. Da ist vieles geschehen. Wir haben viel erlebt, Schönes und Schweres. Und in allem war Gott dabei, ob wir das immer so bewusst gespürt und gewusst haben oder nicht.

Das Leben als Baum

Der Dichter Rainer Maria Rilke (1875–1926) hat das Leben in einem seiner Gedichte mit einem Baum verglichen. (Gedicht vorlesen.)

Ich lebe mein Leben in wachsenden Ringen,
die sich über die Dinge ziehn.
Ich werde den letzten vielleicht nicht vollbringen,
aber versuchen will ich ihn.

Ich kreise um Gott, um den uralten Turm,
und ich kreise jahrtausendelang;
und ich weiß noch nicht: bin ich ein Falke, ein Sturm
oder ein großer Gesang.

Rilke war kein christlicher Poet, wohl eher ein Gottsucher. Aber seine Suche nach Gott in den Veränderungen des Lebens bietet Anknüpfungspunkte für uns, wenn wir uns mit der Frage nach unserem Glauben beschäftigen.

„Ich lebe mein Leben in wachsenden Ringen, die sich über die Dinge ziehn."

In den ersten Zeilen des Gedichtes baut sich das Bild vom Baum als eine Metapher des Lebens auf. Dieses Bild finden wir auch in der Bibel immer wieder, zum Beispiel in Psalm 1,3: *„Der ist wie ein Baum, gepflanzt an den Wasserbächen, der seine Frucht bringt zu seiner Zeit, und seine Blätter verwelken nicht. Und was er macht, das gerät wohl."*

Ein Baum – Jahr für Jahr legt sich ein neuer Ring um die Mitte. Und es ist faszinierend, eine Baumscheibe zu lesen. Breite Ringe lassen auf ein gutes Jahr mit viel Regen und Wachstum schließen. Aber wir erkennen auch Zeiten der Dürre, der Krankheit, der Beschädigung. Kein Ringmuster ist wie das andere, jeder Baum erzählt seine eigene Geschichte.

In der Mitte hat das Leben begonnen. Von dort aus ist der Baum gewachsen. Am Anfang war er ein dünner, schwacher Stängel, der aus einem kleinen Samenkorn heranwuchs. Dieser schwache Stängel wurde zur stützenden Mitte, um die sich die Jahresringe anordnen. Jedes Jahr legt sich ein neuer Ring um den Kern. Er zeigt die Entwicklung, das Größer-, Breiter- und Festerwerden an. Der Ring wächst unter der schützenden Rinde. Dort werden die Kräfte, die Leben geben, herauf- und heruntergeführt. Jeder Ring hat eine andere Form, denn jedes Jahr setzt sein eigenes Zeichen.

Das gilt auch für unser Leben. Jedes Jahr legt einen Ring um die Mitte unseres Lebens, und jedes Jahr ist anders, unverwechselbar und nicht wiederholbar. Auch wir Menschen durchleben diese Jahresringe. Auch unser Leben ist von wachsenden Ringen geformt. Das Leben hinterlässt in mir Spuren, manche sichtbar, manche unsichtbar. Die unterschiedlichen Phasen meines Lebens werden dabei erkennbar: Geburt – Kindheit – Schulzeit – Jugend – Erwachsenwerden – loslassen können – verabschieden – Aufbruch und Neubeginn.

Jedes Jahr, jeder weitere Jahresring wird sich über die Dinge ziehen, die uns wichtig sind. Und wenn man die Jahresringe anschaut, die schon hinter uns liegen, dann gibt es da viele Erinnerungen, Fotos, Geschichten, Geschenke etc., die die Vergangenheit lebendig halten. Und doch sind wir Menschen nicht nur nach hinten gewandt, sondern sind „Wanderer in die Zukunft".

Austausch

- Was macht mein Leben aus und meine Erfahrungen mit Gott? Sind diese „Ringe" sichtbar oder unsichtbar?
- Sehe ich Momente, in denen ich mich von Gott getragen fühlte? Aber was ist mit denen, wo ich mich von Gott verlassen fühlte?
- Entdecke ich die dürren Zeiten und die Momente, in denen mein Vertrauen in Gott stark und kräftig war?

Bibelimpuls zu Lukas 24,13-35

In dem folgenden Bibeltext geht es um zwei Menschen, zwei Jesusnachfolger. Jünger werden sie genannt. Die beiden glauben und kämpfen gleichzeitig damit, dass sie nicht mehr alles glauben oder es nicht mehr glauben können. (Den Bibeltext vorlesen.)

Wir gehen an diesem Bibeltext entlang und halten an verschiedenen Stationen an.

Station 1: Von Jerusalem nach Emmaus

Zwei Jünger gehen von Jerusalem nach Emmaus ... In meiner bildlichen Vorstellungskraft gehen sie in mittlerer Geschwindigkeit mit gesenkten Köpfen ihren Weg. Manchmal schweigen sie oder geben ihrer Trauer Ausdruck, denn sie kommen aus Jerusalem, wo Jesus vor drei Tagen gekreuzigt wurde. Dann wieder diskutieren sie aufgeregt miteinander, weil der Leichnam Jesu einfach verschwunden ist.

Diese beiden Männer sind enttäuscht.

Sie waren mit Jesus unterwegs gewesen, hatten ihre Hoffnung und ihren Glauben auf ihn gesetzt. Und nun? Alles vorbei. Für sie war die Geschichte zu Ende. Sie haben an der falschen Stelle vertraut, so denken sie vielleicht.

Wir wissen, wie die Geschichte weitergeht und dass sich ihre Zweifel später auflösen. Aber wir wollen für einen Augenblick bei den beiden enttäuschten Menschen bleiben. Enttäuscht im Glauben! Enttäuscht von Gott! Traurig, niedergeschlagen. Wir glauben und doch haben wir uns das alles ganz anders vorgestellt. Wir beten und haben das Gefühl, dass Gott nicht antwortet. Oder es werden uns Schwierigkeiten in den Weg gelegt, obwohl wir doch ein geradliniges Leben mit Gott führen. Diese Enttäuschung ist schmerzhaft!

Austausch
- Kenne ich das auch? Wie und wo habe ich das erlebt?
- Wie bin ich mit der Enttäuschung umgegangen? Was hat mich veranlasst, weiterzugehen und neuen Mut zu fassen?

Station 2: Zweifel
Die beiden Jünger erzählen dem Fremden, der mit ihnen geht, alles, was sich zugetragen hat. Und in dieser Erzählung ist nicht nur die Enttäuschung, sondern auch eine Art Wut zu spüren. Sie fragen sich vielleicht, ob sich ihr Weg mit Jesus gelohnt hat.

Dann berichten sie von den Frauen, die vom leeren Grab zurückgekommen sind und eine unglaubliche Botschaft mitgebracht haben: ein Engel sei ihnen erschienen, das Grab sei leer, und Jesus sei auferstanden. Die beiden Männer können das nicht glauben. Das ist zu unwahrscheinlich und vermutlich nur „Geschwätz von Frauen".

Sie können es nicht und sie wollen es nicht glauben. Sie wollen es selbst sehen und erleben, ehe sie glauben können.

Austausch
- Woran zweifle ich? Wo hätte ich auch gerne Beweise?
- Womit tue ich mich im Glauben schwer?

Station 3: Mit Jesus auf dem Weg
Die Jünger hatten allen Grund, die Sache mit Jesus einfach fallen zu lassen. Aber Jesus nähert sich den Jüngern und geht den Weg mit ihnen gemeinsam. Er ist bei ihnen, obwohl sie selbst davon nichts wissen und ihn auch nicht dazu aufgefordert haben.

Mit der Bitte: „Bleibe bei uns" laden die Jünger den unerkannten Jesus zu sich nach Hause ein, wo sie erst später erkennen, wer er eigentlich ist.

Austausch
- Wo befinde ich mich gerade auf dem Weg mit Jesus?
- Habe ich ihn schon zu mir eingeladen?
- Ist er für mich fremd oder ein bekannter Wegbegleiter?

Station 4: Glauben und bekennen

Bis die Jünger wieder zu neuer Hoffnung und zum Glauben finden, muss vieles passieren. Jesus begegnet ihnen, erklärt ihnen die Heilige Schrift, und er hat Gemeinschaft mit ihnen. Erst da erkennen sie Jesus. Schließlich können sie bekennen: „Der Herr ist auferstanden!"

Austausch

- Wie kam es bei mir zum Glauben?
- Wie sähe mein Bekenntnis heute aus?

Der letzte Ring

Glaube und Zweifel, Glaube und Unglaube – sie gehören vielleicht zusammen. Unser Glaube an unseren Gott sorgt immer wieder für Überraschungen. Der Glaube stellt uns ständig neue Fragen, und hier und da gibt es Fragen in meinem Inneren, auf die ich keine Antwort finde. Dann sind Vertrauen und Zuversicht gefragt.

Manchmal nimmt der Zweifel überhand, und es entsteht eine Krise – eine Situation, ein Wendepunkt oder Entscheidungsprozess. Solche Zeiten sind selten leicht, und darum sind mir auch die beiden Jünger so sympathisch, weil sie mir (uns) so nahekommen.

Rilke schließt die erste Strophe seines Gedichts mit diesem Gedanken über die Jahresringe:

„Ich werde den letzten vielleicht nicht vollbringen, aber versuchen will ich ihn."

Der letzte Ring, der letzte Jahreskreis? Keiner von uns

weiß, wann das sein wird. Menschlich gesehen, möchten wir gern immer noch einen weiteren Kreis hinzufügen, aber einmal wird der letzte Kreis da sein. Und vielleicht ist es für Rilke und uns tröstlich, dass wir diesen Kreis nicht vollbringen müssen, nicht selbst vollenden. Paulus drückt dies in seinem Brief an Timotheus so aus: *„Die Zeit meines Hinscheidens ist gekommen. Ich habe den guten Kampf gekämpft, ich habe den Lauf vollendet, ich habe Glauben gehalten; hinfort liegt für mich bereit die Krone der Gerechtigkeit, die mir der Herr, der gerechte Richter, an jenem Tag geben wird, nicht aber mir allein, sondern auch allen, die seine Erscheinung lieb haben"* (2 Timotheus 6,6b-8).

Ein anderer wird den letzten Ring vollenden und mir die Krone der Gerechtigkeit geben. Das kann uns entlasten und trösten. Was immer auch kommt, „Gott, du machst es gut". So können wir gelassen weiterleben.

Fundgrube

Tina Willms

Metapher

Mag sein, dass
der Himmel
eine Metapher ist,
von mitfühlenden Menschen
erdacht.

Damit die Sehnsucht
erträglich wird,
der Boden
unter den Füßen
fester
und jeder
sein Spiegelbild
bejahen kann,
als sei er
gewollt, geliebt.

Damit Bomben
nicht ewig den
Himmel zerreißen

und Kinder,
vor allem die Kinder
essen, spielen, lachen dürfen
und leben.

Damit Albträume
sich wandeln
in Sonnenlicht,
das Menschen
eine Hoffnung
ins Gesicht
und Rosen
in die steinernen Herzen
pflanzt.

Mag sein, dass
der Himmel
eine Metapher ist.

Und ich
zu Erde werde,
unwissend,
dass er
ein Traumbild war,
und meine Worte,
die gut gemeinten,
vergeblich.

Er aber singt noch
über den Gräbern
ein Lied
und schreibt
in die Trauerumrandeten
ein Gedicht.[43]

Wunsch
Dass einer mich findet,
wenn ich mich selbst verliere,
dass einer meinen Namen
bei sich bewahrt.

Dass einer noch weiß,
wer ich bin,
und neu erzählt,
was ich längst vergaß.

Dass einer mich birgt
im Haus einer Liebe,
die weiter reicht als das,
was ich ahne von mir.[44]

---

43   Aus: Tina Willms, Erdennah – Himmelweit, Neukirchener Verlagsgesellschaft 2014.
44   Aus: Tina Willms, Erdennah – Himmelweit, Neukirchener Verlagsgesellschaft 2014.

Auf Gutglauben
Wieder einmal beten
gegen den Widerspruch
in sich selber
eine Flaschenpost werfen
ins Meer Unendlichkeit.

Ungewiss, allein
auf Gutglauben,
dass einer sie findet,
öffnet, liest.

Beinahe ein Gebet
Die Wunden,
die ich innen trage,
deren Narben man nicht sieht,

die Seufzer,
die ich stumm ausstoße,
deren Schmerz man nicht hört,

die Tränen,
die ich herunterschlucke,
deren Spuren man nicht erkennt,

die Zweifel,
die ich für mich behalte,
deren Stimme man nicht vernimmt:

ob du, Gott,
an den ich manchmal
kaum glauben kann,
sie verstehst?[45]

Gebet: Wo bist du?
Ich bin, der ich bin,
hast du versprochen.
Ich bin „ich bin da".

Wo aber bist du,
wenn ein Mensch vor Schmerz vergeht?
Und wo, wenn einer dem anderen Leid zufügt?
Wo bist du, wenn eine Welle das Land überrollt
und ein Hang unter sich begräbt,
was doch leben sollte.

Bist du noch da,
wenn du unerreichbar scheinst?
Anwesend doch,
wenn du abwesend bist?

Ich ruf dich
bei deinem Namen
und werfe dir
dein Versprechen vor:

---

45 Aus: Tina Willms, Wo das Leben entspringt, Neukirchener Verlagsgesellschaft 2017.

Komm und sei,
der du bist:
Komm und sei:
„Ich bin da!"[46]

Segenswunsch
Ich wünsche dir Momente,
in denen du
deine Zweifel und Ängste
aus der Hand geben kannst
und frei wirst von dem,
was dich bedrückt.

Halte deine leeren Hände
wie eine Schale
dem Himmel hin,
damit er sie füllt
mit Leben.

---

46   Aus: Tina Willms, Dem Frieden hinterher, Neukirchener Verlagsgesellschaft 2018.

ICH VERTRAUE DIR JA

Christian Hählke[47]

Jahreslosungslied 2020

von Christian Hählke 2017

Ich glaube, hilf meinem Unglauben.   Markus 9,24 (L)

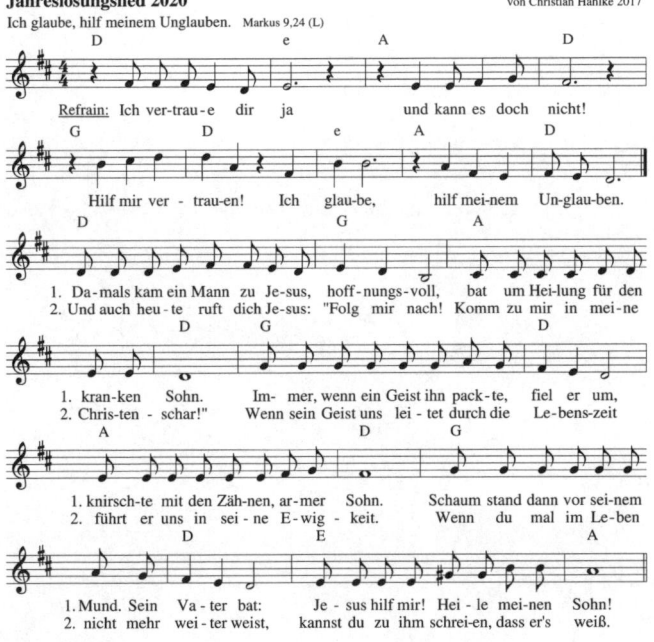

Refrain: Ich ver-trau-e   dir   ja   und kann es doch   nicht!
Hilf mir ver - trau-en!   Ich   glau-be,   hilf mei-nem   Un-glau-ben.

1. Da-mals kam ein Mann zu Je-sus, hoff-nungs-voll, bat um Hei-lung für den
2. Und auch heu-te ruft dich Je-sus: "Folg mir nach! Komm zu mir in mei-ne

1. kran-ken Sohn. Im- mer, wenn ein Geist ihn pack-te, fiel er um,
2. Chris-ten - schar!" Wenn sein Geist uns lei - tet durch die Le-bens-zeit

1. knirsch-te mit den Zäh-nen, ar-mer Sohn. Schaum stand dann vor sei-nem
2. führt er uns in sei - ne E-wig - keit. Wenn du mal im Le-ben

1. Mund. Sein Va - ter bat: Je - sus hilf mir! Hei - le mei-nen Sohn!
2. nicht mehr wei - ter weist, kannst du zu ihm schrei-en, dass er's weiß.

---

47   Kopieren erlaubt, außer für kommerzielle Verwendung; alle Rechte beim Autoren – haehlke@web.de.

HERAUSGEBER, AUTORINNEN UND AUTOREN

Herausgeber

Martin Werth, Dr. theol., ist Dozent und Direktor der Evangelistenschule Johanneum, Wuppertal.

Martina Walter ist Diplom-Pädagogin und Dozentin an der Evangelistenschule Johanneum, Wuppertal.

Autorinnen und Autoren

Hans-Jürgen Abromeit, Dr. theol., ist Bischof im Sprengel Mecklenburg und Pommern der Evangelisch-Lutherischen Kirche in Norddeutschland, Greifswald.

Johannes Beer ist Gemeindepfarrer, Pfarrer der Offenen Kirche und Kulturbeauftragter des Kirchenkreises, Herford.

Klaus Göttler ist Dozent in der Evangelistenschule Johanneum, Evangelist und stellvertretender Vorsitzender von ProChrist, Wuppertal.

Birgit Götz ist freie Autorin und Lektorin, Marburg.

Christian Hählke ist Pfarrer und Liederdichter, Höchstenbach.

179

Sabine Herwig ist Gemeindemanagerin in der Ev. Kirchengemeinde Elberfeld-West, Wuppertal.

Sara Carina Hofmann ist CVJM-Sekretärin im checkpoint Jeus, Erfurt.

Reiner Knieling, Dr. theol., ist Pfarrer, Leiter des Gemeindekollegs der VELKD und Außerplanmäßiger Professor für Praktische Theologie der Kirchlichen Hochschule Wuppertal/Bethel, Neudietendorf.

Siegfried Kreuzer, Prof. em. Dr., war Professor für Altes Testament und Biblische Archäologie an der Kirchlichen Hochschule Wuppertal-Bethel, Perchtoldsdorf bei Wien.

Sven Macko, Dr. rer. nat., ist Physiker und referiert regelmäßig zum Thema Naturwissenschaft und Glaube, Frechen.

Peter Wick, Prof. Dr., ist Professor für Exegese und Theologie des Neuen Testaments und die Geschichte des Urchristentums, Bochum.

Tina Willms, ist Pfarrerin und Autorin, Hameln.

Mit Jahreslosung und Monatssprüchen neue Inspirationen entdecken

In diesem Jahresbegleiter lädt Tina Willms ein, der Jahreslosung und den Monatssprüchen nachzuspüren. Passend zur Jahreslosung 2020 erkundet sie das Spannungsfeld zwischen Zweifel und Glauben. Geeignet für die Gemeindearbeit, zum Vorlesen im Gottesdienst oder für die eigene Stille Zeit.

Tina Willms
**Im Glauben: Zweifel –
Im Zweifel: Glauben**
Inspirationen zur
Jahreslosung und den
Monatssprüchen 2020

gebunden,
mit Lesebändchen,
144 Seiten,
ISBN 978-3-7615-6669-5

neukirchener